8° R
14446

CONTRE-AMIRAL RÉVEILLÈRE

DÉPOT LÉGAL

AF610033

Croix et Croissant

(*AUTARCHIE*)

Honorer Dieu,
Aimer l'humanité.
Agir en brave.
(*Triades.*)

BERGER-LEVRAULT & Cie, ÉDITEURS

PARIS
5, rue des Beaux-Arts

NANCY
18, rue des Glacis

1897

CROIX ET CROISSANT

8°R
14446

OUVRAGES DU MÊME AUTEUR

La Conquête de l'Océan. 1 vol. in-12 . . . . 3f50
Un Coup de sonde dans l'Océan des Mystères. 1 vol. in-12 . . . . 2 »
Tutelle et Autarchie. 1 vol. in-12. . . . . 2 »
L'Europe-Unie. 1 vol. in-12 . . . . 2 »

(Berger-Levrault et Cie, *éditeurs.*)

Énigmes de la Nature. 1 vol. in-16. . . . . 1 »
A travers l'Inconnaissable. 1 vol. in-16. . . . . 1 »
Graines au Vent. 1 vol. in-16. 1 »
La Voix des Pierres. 1 vol. in-18. . . . . 1 »
Germes et Embryons. 1 vol. in-18 . . . . 1 »
Réflexions diverses. 1 vol. in-18. Le vol. . . . . 1 »
Le Haut-Mékong. 1 vol. in-8° . . . . 2 »
Cochinchine et Cambodge. 1 vol. in-12 . . . . 3 50
Autour du Monde. 1 vol. in-12 . . . . 3 50
Contre Vent et Marée. 1 vol. in-12 . . . . 3 50
Lettres d'un Marin. 1 vol. in-12 . . . . 3 50
Les trois Caps. 1 vol. in-12. . . . . 3 50
En Mer. 1 vol. in-12. . . . . 1 »
Récits et Nouvelles. 1 vol. in-12 . . . . 1 »
Mers de l'Inde. 1 vol. in-12 . . . . 2 »
Mers de Chine. 1 vol. in-12. . . . . 2 50
Un Jour à Monaco. 1 vol. in-18 . . . . 1 »
A Barcelone. 1 vol. in-18 . . . . 1 »

(Fischbacher, *éditeur.*)

CONTRE-AMIRAL RÉVEILLÈRE

Croix et Croissant

(*AUTARCHIE*)

Honorer Dieu,
Aimer l'humanité.
Agir en brave.
(*Triades.*)

BERGER-LEVRAULT & Cie, ÉDITEURS

PARIS | NANCY
5, rue des Beaux-Arts | 18, rue des Glacis

1897

CROIX ET CROISSANT

(AUTARCHIE)

MAHOMET[1]

Les dogmes d'une religion sont moins importants que la personnalité de son fondateur.

C'est la personnalité du fondateur qui s'impose ; c'est en lui que l'on croit. On accepte, *parce qu'elle vient de lui,* une foi qui, par sa nature même, est au delà de notre portée intellectuelle.

Chrétiens ou Mahométans sont plus attachés à la

1. Nous n'avons pas la prétention d'écrire la vie de Mahomet. Ce travail a été fait beaucoup mieux que nous ne pourrions le faire. Nous nous sommes simplement proposé d'esquisser à larges traits le *caractère* de Mahomet, en faisant ressortir avec impartialité sa grandeur et ses défaillances. Nos citations sont empruntées au très consciencieux et savant ouvrage de Washington Irving. (Traduction de Henri Georges, pseudonyme de mon ami Pierre Morin.)

personne du révélateur qu'à sa doctrine ; c'est à juste titre qu'ils en portent le nom.

Dans le domaine de la science, le caractère n'est rien. La géométrie n'a rien de commun avec les vertus d'Euclide. Harvey et Képler pourraient être de parfaits gredins sans avoir moins découvert les vraies lois de la circulation du sang et de la circulation des astres.

En matière religieuse, on ne peut séparer la doctrine de la personne; de là l'énorme importance de l'histoire des fondateurs.

*
* *

Nous n'avons point d'authentique portrait écrit de Jésus. Il a donc été permis aux artistes de créer une image d'après l'impression produite par la personne morale.

Nous avons au contraire une description très précise de la physionomie de Mahomet :

Taille moyenne ; épaules carrées ; grosse tête plantée sur un cou de taureau émergeant d'une ample poitrine ; front élevé, très large aux tempes, traversé par des veines démesurément gonflées, dans ses émotions, surtout dans ses colères; nez aquilin; yeux noirs ; barbe très fournie ; grands pieds et grandes mains ; avant ses visions et ses extases, d'une force et d'une agilité extraordinaires.

*
* *

Très simple dans sa façon de vivre, Mahomet était en réalité son propre domestique ; il allumait son feu, balayait sa chambre. Vivant de dattes, de lait, de miel, de pain d'orge, rarement il se permettait le pain de froment.

Il illustrait sa conversation, d'ordinaire grave et sentencieuse, d'aphorismes et d'apologues. Quand il s'animait, sa voix sonore et musicale servait merveilleusement son éloquence.

*
* *

D'une sobriété singulière, même pour un Arabe, non seulement Mahomet s'abstenait de vin, mais il observait des jeûnes très rigoureux. Pratiquant de fréquentes ablutions, il joignait à une méticuleuse propreté la plus parfaite indifférence pour la toilette. Il portait les vêtements les plus communs, le plus souvent rapiécés.

On connaît sa passion pour le beau sexe : « Deux choses, disait-il, me ravissent, les femmes et les parfums. »

Également accueillant pour les faibles et les puissants, les pauvres et les riches, il captivait les cœurs par sa patience à écouter les plaintes de tous, à pacifier les querelles, à concilier les litiges.

Violent par nature, il se montrait dans son intérieur d'une douceur sans limite : « Je l'ai servi depuis ma huitième année, disait son domestique, jamais il ne m'a grondé et cependant je l'ai mérité bien souvent. »

*
* *

Très superstitieux, adoptant aveuglément toutes les légendes, poussant à l'excès l'amour de ce merveilleux oriental si exagéré, il se croyait bien sincèrement en intimes rapports avec le Très-Haut.

Aux demandes de miracles, il répondait invariablement : « Le Coran, dicté par un illettré, est un suffisant miracle. » Il serait injuste de le rendre responsable des extravagances dont ses disciples surchargèrent la légende de sa naissance et de sa vie. D'autre part, ses révélations lui arrivèrent avec un à-propos trop souvent suspect.

*
* *

Mahomet avait ce don naturel qui est la plus grande de toutes les forces, il se faisait aimer.

L'attachement de son esclave Zéid en est une preuve entre mille.

Pendant longtemps le père de ce jeune homme ignora ce qu'était devenu son fils capturé dans une attaque de caravane. Apprenant la présence de Zéid à la Mecque, il fit offrir à Mahomet, son maître, une forte rançon. Le prophète répondit : « S'il veut partir, qu'il parte sans rançon ; mais s'il veut rester, pourquoi ne le garderais-je pas? » Zéid refusa de se séparer de Mahomet qui, dit-il, l'avait toujours traité comme son enfant. Alors le prophète l'adopta et Zéid professa la foi nouvelle.

C'est le secret de la prodigieuse puissance de Mahomet, comme de celle de Jésus, d'avoir inspiré un dévouement sans borne.

Plus tard, Mahomet mit l'affection de Zéid à une rude épreuve.

Zéid avait alors une femme d'une rare beauté. Mahomet, entrant un jour familièrement chez son fils adoptif, la surprit par hasard en très léger costume. Aussitôt le trop inflammable prophète fut saisi d'un ardent désir de l'épouser. Zéid poussa l'abnégation jusqu'au divorce, afin de permettre à Mahomet de la ranger au nombre de ses épouses.

Le prophète lui conserva toute sa vie une profonde reconnaissance de ce sacrifice.

Le mariage de Mahomet avec la femme de Zéid souleva des protestations. Le prophète ayant reconnu Zéid comme son fils, cette union fut qualifiée d'incestueuse. Le prophète s'en tira au moyen d'une révélation, ce dont la nouvelle épouse se montra très fière, ayant été l'objet, disait-elle, d'un ordre spécial de Dieu.

***

Orphelin à six ans, Mahomet fut élevé par son

excellent oncle, Abou-Taleb, gardien de la Caaba. Son éducation sacerdotale, dans un temple sacré pour toute l'Arabie, dirigea son esprit vers les spéculations religieuses.

Dès son enfance, soit comme compagnon d'Abou-Taleb dans ses expéditions commerciales, soit plus tard comme conducteur de caravanes, il eut de fréquentes relations avec les moines nestoriens de Syrie, tout naturellement disposés à convertir un jeune homme curieux de religion et neveu du gardien de la Caaba.

Malgré sa jeunesse, une riche veuve, Kadischa, lui confia la conduite de ses caravanes, les plus importantes de la Mecque. Son habileté et sa probité lui conquirent le cœur de sa patronne qui lui offrit sa main.

Par ce mariage, Mahomet devint un des personnages les plus considérables de la Mecque où sa droiture lui valut le surnom d'Al-Tasmin, le Fidèle, cette union le mit en relations intimes avec Ouaraka, cousin de Kadischa. Ouaraka, originairement juif, puis chrétien, traduisit le premier en arabe l'Ancien et le Nouveau Testament. L'influence de ce lettré sur le prophète est manifeste.

Mahomet conserva toujours pour Kadischa une extrême reconnaissance mêlée de tendresse. Bien qu'elle fût mûre au moment du mariage, il aima sincèrement cette femme supérieure par l'intelligence et par le cœur. Elle avait soixante-cinq ans quand il la perdit; il avait eu la délicatesse de ne point lui donner de rivale. C'eût été méritoire chez un simple mortel; c'était héroïque, étant donné le tempérament du prophète.

Après la mort de Kadischa, il s'empressa d'ailleurs de réparer le plus possible le temps perdu.

On ne sait exactement le nombre de ses femmes; il dépasse sûrement la douzaine. Mahomet fit, il est vrai, plusieurs mariages politiques. Il autorisa ses disciples à prendre quatre épouses, mais il se mit lui-même au-dessus de la loi : ayant, en sa qualité de prophète, des facultés exceptionnelles, il avait aussi d'exceptionnels besoins.

Sa préférée fut Aïescha, fille de son fidèle Abou-Bekr. Au moment des fiançailles, elle avait sept ans. Quand sa fiancée atteignit sa neuvième année, la patience du messager de Dieu était à bout, il consomma le mariage.

La dot de la trop jeune épouse fut d'un okke d'argent. Pour célébrer ses noces, Mahomet offrit aux convives un festin de laitage. Peu après, le prophète, mariant sa fille à son cher disciple Ali, servait un repas de dattes et d'olives. Le mobilier des époux se composait d'un gobelet, un pot à eau, deux jarres, un moulin à bras, un oreiller rembourré de feuilles de palmier, avec une peau de mouton pour couche nuptiale.

Un jour Mahomet pleurait devant Aïescha.

— Qu'as-tu, prophète ? demanda-t-elle.

— Je pleure Kadischa.

— Kadischa était vieille, Dieu t'a donné une meilleure femme.

— Non, non, reprit Mahomet en versant d'abondantes larmes, Dieu ne m'a pas donné de meilleure femme ; quand j'étais pauvre, elle m'a aimé ; quand j'étais méprisé, elle a cru en moi.

*
* *

La Caaba était remplie d'idoles au nombre de 360, une pour chaque jour de l'année. Toutes les tribus de l'Arabie y avaient des dieux : d'où la nécessité des pèlerinages à la Mecque et l'institution du *mois sacré*. Pendant le mois sacré, on enlevait le fer des lances, on gardait l'épée au fourreau et les pèlerins pouvaient, en toute sécurité, visiter la capitale religieuse de l'Arabie.

En comparant le culte grossier de la Caaba aux religions spiritualistes (judaïsme et nestorianisme) dont il s'était fait une notion plus ou moins juste dans ses voyages, Mahomet prit l'idolâtrie en horreur. Mais, si les idoles lui devinrent odieuses, il n'en comprit pas moins l'utilité grandiose de cette communauté de temple entre toutes les tribus de l'Arabie, lien religieux réunissant en un faisceau moral toutes ces petites nations politiquement divisées et trop souvent hostiles. Consolider ce lien, transformer la Caaba en un symbole de ralliement entre tous les croyants d'une religion épurée devint la pensée maîtresse de sa vie.

*
* *

Tandis que nous admettons le progrès dans l'ordre religieux, comme dans les sciences et les arts, et que nous voyons l'humanité, dans sa marche ascendante, partir du fétichisme ou de conceptions non moins grossières pour s'élever graduellement au monothéisme, Mahomet croyait à une religion simple et pure : la religion d'Adam, corrompue par la malice des hommes. Pour la ramener à sa pureté originaire, le Très-Haut avait envoyé sur la terre divers prophètes, ses prédécesseurs : tels furent Noé, Abraham, Moïse, Jésus-Christ.

Dans l'ordre des révélations, les chrétiens sont donc pour les mahométans ce que les juifs sont pour les chrétiens.

*
* *

Jamais Mahomet ne se donna pour le révélateur de croyances nouvelles ; il s'affirma toujours comme simple envoyé de Dieu pour rétablir la foi d'Abraham l'orthodoxe.

D'après lui, la loi de Moïse, après avoir été le

guide moral des humains, avait été remplacée par l'Évangile, auquel devait succéder le Coran.

Mahomet regardait Jésus comme le plus grand de ses prédécesseurs, mais il considérait sa divinité comme une erreur des interprètes de sa doctrine. Il fit de nombreux emprunts presque textuels aux évangiles. Il prit également au christianisme la doctrine de la résurrection et du jugement dernier; mais, dans son paradis, on ne se bornait pas à chanter des cantiques.

*
* *

Toute réforme religieuse profonde doit faire cadrer des connaissances et une morale nouvelles avec des idées arriérées. Elle manquerait de point d'appui pour agir sur le présent, si elle repoussait tout le passé. Ainsi Mahomet admit les pratiques, traditions, légendes ou superstitions arabes qui n'étaient point en contradiction formelle avec son dogme fondamental de l'unité de Dieu. Il chassa les idoles de la Caaba et les remplaça par le Dieu invisible, mais il conserva le pèlerinage à la Mecque, dont il fit le pivot de son culte. Il garda même la plupart des cérémonies des idolâtres, promenades circulaires autour de la Caaba, baisement de la pierre noire, ablutions, visite au puits de Zem-Zem... Il modifia le moins possible des coutumes séculaires, sacrées à ses yeux par leur antiquité.

Pour répandre sa foi, Mahomet ne recourut jamais aux miracles. Dans le principe et jusqu'à l'hégire, il mit tout son espoir dans son éloquence et ses appels à la raison ; plus tard, il usa largement de l'argument du sabre.

Étant donnés son tempérament et le courant de ses idées, Mahomet devait prendre ses désirs pour la volonté de Dieu. Tout prophète convaincu en arrive à objectiver sa pensée et à la prendre pour une inspiration d'en haut.

*
* *

On a remarqué avec raison que tous les miracles opérés par Jésus étaient des bienfaits ; d'où nous pouvons conclure que les disciples de Jésus avaient une tout autre idée de la personne de leur maître que les disciples de Mahomet du leur. Les miracles de l'islamisme ont pour caractéristique l'énorme, le merveilleux, l'extraordinaire : quand ils mobilisent les anges (et cette mobilisation se fait à tout propos), c'est par soixante-dix mille. La naissance et l'enfance du prophète se passent dans une atmosphère d'extravagances : par exemple, le soleil et la lune se penchent sur le berceau de l'enfant et le saluent — réminiscence peut-être de l'étoile de Bethléem. Le voyage aérien de Mahomet à Jérusalem sur le cheval Borak, est une mauvaise page des *Mille et une nuits*.

Le merveilleux dont la légende a entouré Jésus a toujours, au contraire, un caractère touchant et moral. Se peut-il imaginer une plus gracieuse idylle que la Nativité ?

*
* *

Avant de recevoir sa mission, suivant l'exemple de Jésus, Mahomet se retira au désert, où il se livra aux macérations et aux prières. Exténué par ce régime, il devint sujet à la catalepsie et aux extases. De plus, quand il était, aux yeux de ses disciples, en proie à l'agitation prophétique, son état rappelle singulièrement les attaques d'épilepsie.

Une nuit où il dormait en plein air enveloppé dans son manteau, une voix l'appela. Dans une éblouissante clarté, un ange lui apparut, déployant un grand rouleau d'étoffe couverte de caractères.

— Lis, lui dit la voix.

— Je ne sais pas lire.

— Au nom du Très-Haut, lis.

Son intelligence s'ouvrant tout à coup, il put lire les décrets de Dieu promulgués plus tard dans le Coran.

Quand il eut terminé sa lecture, la voix lui dit :

— Je suis l'ange Gabriel et toi, en vérité, Mahomet, tu es le prophète de Dieu !

Mahomet rentra chez lui bouleversé et raconta sa vision à Kadischa qui, très émue, s'écria :

— Par celui qui tient entre ses mains l'âme de Kadischa, je te salue comme le prophète de notre nation !

Kadischa s'empressa de confier l'événement à son cousin Ouaraka. Le lettré mordit avidement à cette annonciation miraculeuse et s'écria à son tour :

— Par celui qui tient entre ses mains l'âme de Ouaraka, ton mari est réellement prophète !

*
* *

Si des révélations, vraiment par trop opportunes, font parfois suspecter l'honnêteté des moyens de Mahomet, il n'en est pas moins impossible de douter de sa sincérité.

Qu'avait-il à gagner à l'imposture ? Son mariage avec Kadischa lui avait apporté la fortune. Sa famille jouissait à la Mecque de la plus haute considération. Fils adoptif du vénéré Abou-Taleb, son successeur désigné, il n'avait qu'à attendre, avec la garde de la Caaba, le commandement de la ville sacrée. En portant atteinte à l'ancien culte, non seulement il se privait d'honneurs certains, mais il s'attirait l'indignation de sa tribu et l'animosité de ses compatriotes.

La prédication de ses doctrines lui valut la ruine et le dédain.

Que demandait Mahomet ? L'autorisation d'élever

une mosquée pour y prêcher en paix l'unité de Dieu. La persécution fit sa grandeur comme le Calvaire fit un Dieu de Jésus.

Pendant longues années, pour salaire il recueille la moquerie, le ridicule et le mépris. Sa famille le renie, plusieurs de ses prosélytes sont réduits à chercher un abri sur la terre étrangère.

La solitude, le jeûne, la constante prière, altèrent son robuste tempérament. Ce régime le conduit aux continuelles visions, aux incessantes extases. Bien certainement il se croit appelé à purger le monde de l'idolâtrie, à faire régner sur la terre le culte du vrai Dieu. Jusqu'à sa fuite à Médine, toute sa conduite est celle d'un illuminé convaincu.

*
* *

Plus d'une fois le prophète vit sa vie en danger. Un jour, il faillit être étranglé à la Caaba et le fidèle Abou-Bekr fut grièvement blessé à la tête en le défendant. De temps à autre il opérait bien quelque conversion ; en somme, elles étaient rares. Une des plus étranges fut celle d'Omar, géant de vingt-six ans, d'une force prodigieuse et d'un courage téméraire.

A l'instigation d'Abou-Jahl, le plus intraitable des ennemis de Mahomet, Omar se dirigeait vers la maison du prophète dans l'intention de le poignarder. Chemin faisant, il rencontra un Koreischite secrètement gagné à la nouvelle doctrine et lui fit part de son projet.

— Avant de tuer Mahomet, lui répondit son confident de passage, tu ferais bien de t'assurer que, dans ta propre famille, tu n'as pas de ses partisans.

— Et qui donc? demanda Omar mécontent et surpris.

— Ta propre sœur Amina et son mari.

Omar furieux s'élance vers la maison des deux époux et les trouve lisant le Coran. Il terrasse le mari, le frappe au visage à l'inonder de sang et s'apprête à le tuer.

— Mais frappe-moi donc aussi, lui criait Amina en lui saisissant les bras, car jamais tu ne m'enlèveras la foi !

Et, dans sa lutte contre son frère pour arracher son mari à la mort, elle ajoutait avec une ferveur désespérée :

— Écoute-moi, Omar ; il n'y a d'autre Dieu que Dieu et Mahomet est son prophète. Tue donc ta sœur et commence tes meurtres par moi !

— Donne-moi cet écrit, dit Omar un peu calmé, en lui arrachant le Coran.

Il tomba sur le XXe chapitre, de superbe allure. Peu à peu l'émotion le gagna et bientôt les larmes succédèrent à la colère.

Reprenant son chemin, il frappa à la porte de

Mahomet et demanda humblement à faire, entre ses mains, profession de foi musulmane.

*
* *

Après dix années d'efforts, de luttes, de souffrances morales de toutes sortes, la persécution poursuivait Mahomet à l'âge où, d'ordinaire, les hommes aspirent au repos. Fortune, situation, amitié, parenté, il avait tout sacrifié à sa foi et le voilà, maintenant, condamné au supplice de l'exil.

Des musulmans de la Mecque, fuyant la persécution, s'étaient retirés à Médine où, non seulement ils reçurent bon accueil, mais où ils purent même rallier quelques adhérents. Un jour arriva où ils se trouvèrent en mesure d'offrir un asile au prophète.

Il était temps.

Les chefs koreischites. réunis par Abou-Jahl, s'apprêtaient à exécuter leur décision, prise à l'unanimité, de tuer Mahomet.

Prévenu du danger, l'apôtre de Dieu put s'enfuir avant l'arrivée de ses ennemis, par un jardin attenant à sa maison. Les assassins, regardant à l'intérieur par une fissure, crurent apercevoir Mahomet endormi sur son lit, enveloppé dans son manteau vert. Enfonçant la porte, tout à coup ils s'élancent. Le dormeur se lève de fort mauvaise humeur, c'était Ali.

— Où est Mahomet? demandent les assaillants furieux.

— Je n'en sais rien, répond aigrement Ali.

Puis, très calme, le dévoué disciple traverse la bande déconcertée des sicaires, sans que personne ose le toucher.

Dans sa fuite précipitée, Mahomet était seulement accompagné d'Abou-Bekr. Pressés par les poursuivants dont ils entendaient les pas dans la nuit, les fugitifs eurent à peine le temps de se cacher dans une caverne. Malgré toute sa bravoure, Abou-Bekr tremblait.

— Qu'as-tu ? lui demanda froidement Mahomet.

— Nos ennemis sont nombreux et nous ne sommes que deux.

— Tu te trompes, Abou-Bekr, nous sommes trois, car Dieu est avec nous.

***

A Médine l'apôtre de Dieu continue son apostolat devant des gens moins hostiles, sans grand résultat néanmoins.

Jusqu'à cette époque le plus sincère amour du prochain, le sentiment religieux le plus élevé lui ont dicté sa conduite. La vie de Mahomet pourrait presque alors supporter la comparaison avec celle de Jésus aux bords du lac de Tibériade. Mais, en somme, treize années de patience, d'abnégation n'ont rien produit, si ce n'est de constituer, autour de sa personne, un groupe de disciples aussi résolus que soumis à son ascendant.

Il reçut alors une révélation d'une immense portée. En donnant à sa mission un nouveau caractère, l'apôtre de Dieu assura son triomphe, mais il a fait de l'islam une religion incompatible avec le développement de l'humanité.

« Divers prophètes, dit-il, ont été envoyés par « Dieu pour mettre en lumière ses différents attri- « buts : Moïse sa clémence et sa providence ; Salo- « mon sa sagesse, sa majesté, sa gloire ; Jésus-Christ « sa justice, son omniscience, son pouvoir — sa « justice par la pureté de sa conduite, son omnis- « cience par la connaissance des secrets de tous les « cœurs, son pouvoir par les miracles qu'il fit. Aucun « de ces attributs n'a suffi à entraîner la conviction. « Les miracles de Jésus et de Moïse ont été accueil- « lis par l'incrédulité. En conséquence, moi, le « dernier des prophètes, j'ai été envoyé avec l'épée ! « Que ceux qui professent mes doctrines n'entrent « dans aucune discussion, mais qu'ils tuent tous « ceux qui refusent obéissance à la loi. Quiconque « combat pour la vraie foi, qu'il succombe ou qu'il « triomphe, recevra sûrement une glorieuse récom- « pense. »

Voilà pourquoi l'islamisme est devenu l'ennemi

de toute civilisation. Comme il y a des personnes criminelles, il y a des religions criminelles ; l'islamisme appartient à cette catégorie. Que les disciples du Coran professent en paix leurs dogmes, cela ne regarde personne ; ils ont droit, comme tous les humains, au respect de leurs convictions ; mais l'islam comme groupe politique doit être mis dans l'impossibilité de nuire.

Qu'il existe comme religion, rien de mieux ; comme État, jamais !

Il faut lui arracher son sabre qui n'est plus qu'un sabre de bourreau.

« L'épée, ajoutait le prophète, est la clé du ciel et « de l'enfer ; tous ceux qui la tirent pour la foi en « seront récompensés par *des avantages temporels ;* « chaque goutte de sang qui aura été répandue, cha« que péril qu'ils auront affronté, chaque privation « qu'ils auront endurée, leur seront comptés comme « plus méritoires même que le jeûne et la prière. « S'ils tombent sur le champ de bataille, leurs pé« chés leur seront aussitôt effacés, et ils seront trans« portés dans le paradis pour s'y repaître d'éternels « plaisirs dans les bras des houris aux yeux noirs. »

Comme complément de la religion de l'épée, Mahomet ajoute le dogme de la prédestination : Tous meurent à l'heure fixée, peu importe d'être au lit ou sur le champ de bataille.

A une religion quasi évangélique succède tout

d'un coup dans le cerveau de Mahomet une religion de meurtre et de rapine. Il promet à ses disciples *des avantages temporels*, ce qui veut dire : la vie et les richesses des infidèles appartiennent à tout vrai croyant qui s'en empare par les armes.

Un moment ses fidèles eurent des scrupules au sujet des femmes libres mariées ; le Coran les leva aussitôt : « Vous n'épouserez les femmes libres mariées, qu'autant que votre main droite les aura faites esclaves. »

*
* *

Les premières applications de la nouvelle doctrine ne font guère honneur à Mahomet, on ne peut les qualifier autrement que d'actes de brigandage. Il débute par trois tentatives, qu'il dirige en personne sans grand profit d'ailleurs, de dévaliser des caravanes dans d'obscurs guet-apens.

C'est bien un plan arrêté, réfléchi de recruter des disciples en érigeant la déprédation à la hauteur d'un acte religieux.

Le partage du butin va devenir une des grosses préoccupations de l'apôtre de Dieu et de ses adhérents.

La quatrième expédition est particulièrement révoltante. En effet, l'apôtre de l'épée se propose cette fois d'exploiter la confiance inspirée par le mois sacré pour dépouiller sans danger d'inoffensifs voyageurs. Il n'ose d'ailleurs prendre lui-même la direction d'une affaire dont il sent bien tout l'odieux. Choisissant pour cette entreprise un certain Abdallah-Ibn-Jasch, flanqué de dix compagnons solides, il lui remet des instructions cachetées avec l'ordre de ne les ouvrir que sur un point désigné de la route de l'Arabie du Sud.

Peu après l'arrivée d'Abdallah sur les lieux, parut une caravane composée de plusieurs chameaux chargés de marchandises et conduite par quatre hommes. Pour procéder plus sûrement, nos rusés pirates dépêchent vers les paisibles marchands un des leurs déguisé en pèlerin ; il engage la conversation, le reste de la troupe rejoint et l'on fait route ensemble. A la première halte, les partisans de Mahomet sautent brusquemement sur les Koreischites ; un d'eux put s'enfuir, un second est tué, les deux autres capturés — de ceux-ci, l'un fut rendu contre rançon, l'autre embrassa l'islamisme.

Cette violation du mois sacré souleva une violente indignation dans Médine. Le prophète prétendit bien qu'Abdallah avait outrepassé ses ordres ; il n'en prit pas moins sa part de butin, après s'être mis à couvert par ce texte du Coran :

« Ils te demanderont si l'on peut faire la guerre
« dans le mois sacré. Réponds : faire la guerre dans
« le mois sacré est mal ; mais nier Dieu, mettre des
« obstacles entre Dieu et son peuple, chasser les

« croyants de son temple et adorer des idoles sont « des péchés bien plus grands que tuer dans le mois « sacré. »

*
* *

Nous arrivons à la bataille du Bedr.

Dans la pensée de Mahomet, cette « bataille » devait simplement être un *bon coup*. Il s'agissait, en effet, d'enlever 1,000 chameaux richement chargés, accompagnés de trente cavaliers seulement. Abou-Sofian commandait la caravane.

Pour s'emparer de cette belle proie, Mahomet mit sur pied 314 hommes. Il prit le commandement et dressa son embuscade près du ruisseau « le Bedr » où la caravane devait passer.

Mais Abou-Sofian, prévenu à temps, put détacher un chameau rapide à la Mecque pour y demander du secours. Grand émoi dans la ville, nombre d'habitants ayant part dans les marchandises menacées. Le frère du Koreischite tué par Abdallah crie vengeance, tandis que Henda, l'énergique épouse d'Abou-Sofian, arme toute sa famille. Bientôt 100 chevaux et 700 chameaux légers volent à la suite d'Abou-Jahl.

Les vedettes de Mahomet lui signalèrent cette armée imprévue. Beaucoup de compagnons de Mahomet, venus là pour piller et non pour se battre, avaient bonne envie de décamper. Mahomet raffermit les courages promettant, au nom d'Allah, un grand butin et une facile victoire.

Mahomet établit fort habilement sa petite armée sur une éminence qui commandait le ruisseau. L'avant-garde ennemie, mourant de soif, se précipita vers l'eau courante, uniquement préoccupée de boire. Hamza, oncle de Mahomet, se rua sur cette troupe en désordre et l'anéantit ; un seul homme en réchappa. Fait prisonnier, il se convertit.

Alors le corps d'armée koreischite s'avança, clairon en tête, mais harassé de sa marche forcée.

Trois des plus nobles habitants de la Mecque sortent des rangs et défient les musulmans en combat singulier.

Hamza, Ali, Obéidah acceptent.

Vainqueurs à grand'peine, Hamza et Ali se précipitent au secours d'Obéidah et l'emportent mourant, après avoir tué son adversaire.

D'abord les musulmans, se sentant inférieurs en nombre, gardent la défensive dans leur excellente situation, se contentant d'accabler de flèches leurs adversaires attirés au ruisseau par l'impérieux besoin de se désaltérer.

Pendant ce temps, Mahomet tombait en catalepsie dans la hutte de branchages qu'on lui avait dressée pour prier. Quand l'apôtre de Dieu revint à lui, il ramassa une poignée de poussière et la lanca du côté des Koreischites avec cette malédiction : « Que la confusion tombe sur leurs visages! » Puis s'animant, il cria aux siens: « En avant! Ne craignez rien, les portes du paradis s'ouvrent devant vos épées! »

Les Koreischites cédèrent devant l'irrésistible fougue des guerriers du prophète descendus de leur hauteur en torrent furieux. Le chef Abou-Jahl, blessé, est aussitôt décapité. C'est la déroute.

70 Koreischites restèrent sur le champ de bataille, autant furent pris; 14 musulmans, dont les noms figurent au premier rang des martyrs de la foi, mordirent la poussière.

Après le combat, on présenta à Mahomet la tête de son mortel ennemi, Abou-Jahl. Le prophète laissa éclater une joie sauvage et dit: « Cet homme était vraiment le Pharaon de notre nation! »

Cette sanglante attaque d'une caravane par 314 pillards mérite bien le nom de « bataille » que lui ont donné les musulmans, si l'on en mesure l'importance aux effets et non au nombre des combattants. Si Mahomet avait été vaincu ce jour-là, très probablement l'islam eût été écrasé dans l'œuf.

Quand Mahomet victorieux rentra dans Médine, la vue des dépouilles lui attira plus de prosélytes que les prédications et le Coran. Beaucoup, qui avaient écouté le sermonneur d'une oreille distraite, se trouvèrent très disposés à suivre le chef de bande.

*
* *

Naturellement les Koreischites songeaient à une revanche du Bedr.

Un terrible orage s'amoncelait à la Mecque. Abou-Sofian avait réuni une armée de 3,000 hommes, dont 2,000 cavaliers et 700 cuirasses.

L'avis de Mahomet fut de s'enfermer dans Médine et d'y garder la défensive.

Les prosélytes demandèrent à grands cris la bataille en rase campagne. Après une vive résistance, Mahomet céda aux clameurs et rangea son armée. Quand les combattants se comptèrent, l'enthousiasme se refroidit. La troupe montait à 1,000 hommes, deux chevaux, 100 cuirasses. Mahomet leur dit : « Quand un prophète a tiré l'épée, il ne la remet plus au fourreau ; il ne tourne pas le dos jusqu'à ce que Dieu ait décidé entre lui et l'ennemi. »

Le prophète choisit une excellente position à six milles de Médine, sur la colline d'Ohod, fortement inclinée et défendue en partie par des rochers.

Henda, femme d'Abou-Sofian, excitait les Koreischites en frappant son tam-tam et criant : « Que vos épées soient aiguës et vos cœurs impitoyables ! » Ils s'avancèrent au pas, bannières au vent, jusqu'au pied de la colline.

Mahomet recommanda aux siens d'attendre de pied ferme, mais de ne pas quitter leur position pour conserver l'avantage du terrain. Il disposa lui-même les archers, leur ordonnant de ne point quitter leur poste, quoi qu'il arrive, pour empêcher la cavalerie ennemie de surprendre les derrières. Les cavaliers tentèrent de prendre les musulmans en flanc, les archers les repoussèrent en désordre. Hamza, au cri de guerre : *Mort! mort!* se précipita sur le centre ennemi qui fut enfoncé.

Malgré l'infériorité du nombre de ses partisans, le prophète put espérer la victoire.

Mais les archers, croyant la bataille gagnée, se débandèrent pour courir au pillage en criant : *Butin! butin!* Khaled, qui devait devenir un jour un si ferme appui de l'islam, rallia la cavalerie, prit possession du terrain abandonné par les archers et chargea les musulmans en queue.

Un cavalier, s'ouvrant un passage dans la mêlée, pénétra jusqu'à Mahomet, qui lui traversa la gorge d'un coup de lance. Hamza est tué. Le porte-étendard est tué. Comme il ressemblait beaucoup au prophète, le bruit de sa mort se répand aussitôt. Les musulmans battent en retraite, emportant Omar et Abou-Bekr blessés. En se retirant, l'un d'eux aperçut Mahomet gisant dans un fossé, le visage percé par une flèche et atteint à la tête par une pierre de fronde : « Le prophète vit encore, s'écria-t-il, à la rescousse ! » On transporta Mahomet au sommet de la colline, où ses fidèles s'apprêtèrent à une résistance désespérée. Les Koreischites, convaincus de la mort du prophète, ne poursuivirent pas leurs

avantages et se retirèrent après avoir mutilé les cadavres.

Abou-Sofian portait au bout de sa lance les parties masculines de l'oncle de Mahomet, tandis que Henda, pour venger la mort de son père et de son frère, tués au Bedr, lui arrachait le cœur et le dévorait.

Depuis, les mœurs arabes n'ont pas sensiblement changé et l'islamisme ne semble pas avoir adouci la férocité de ces temps.

Chose vraiment extraordinaire, ce désastre n'ébranla pas l'ascendant de Mahomet. Pour se consoler de sa défaite, il épousa Hend, fille d'un personnage influent et d'une rare beauté. Pour fonds de ménage, la nouvelle épouse apporta, dans la maison préparée pour la recevoir, un sac d'orge, un moulin à bras, une poêle et un pot de beurre.

***

Le prophète, semble-t-il, n'échappa point à l'infortune dont fut affligé plus d'un grand homme.

Une de ses femmes accompagnait toujours Mahomet en campagne.

Un beau matin, dans une de ses expéditions, on trouva vide la litière qui portait Aïescha. Peu après, la jeune femme arriva sur un chameau conduit par un bel Arabe.

Où avait-elle passé la nuit ? Mahomet, peu satisfait des obscures explications du couple, confia ses doutes à son cher Ali. Le « Lion de Dieu » lui répondit de ne point se mettre martel en tête pour un accident si fréquent et de si peu d'importance, consolation à laquelle la jalousie du prophète ne prit aucun goût.

Du coup, il eut une attaque d'épilepsie.

Par bonheur, une révélation lui mit l'âme en repos.

D'ailleurs, par la même révélation, quiconque accusait une femme d'adultère, sans produire quatre témoins, devait recevoir quatre-vingts coups d'étrivière. Tout le monde fut immédiatement convaincu de l'innocence d'Aïescha et Mahomet reprit son épouse chérie avec un redoublement de tendresse.

***

Abou-Sofian, ayant reconstitué une ligue, marcha sur Médine à la tête de 11,000 hommes.

Le prophète, rendu prudent par sa défaite d'Ohod, résolut de se défendre dans la ville.

Salman le Persan, nouveau converti, conseilla de creuser un fossé, défense inconnue en Arabie. Pendant la construction de cet ouvrage, auquel il travailla de ses propres mains, Mahomet renouvela le miracle des pains et des poissons opéré par Jésus au désert ; seulement, le pain est ici remplacé par des dattes et le poisson par un agneau.

Le fossé s'achevait quand l'ennemi parut.

Après quelques escarmouches et quelques combats singuliers dans lesquels Ali, comme toujours, fit des prodiges de valeur, les Koreischites campèrent près de la ville sans avoir pu franchir le fossé. Au moyen d'affidés, Mahomet sema fort habilement la discorde parmi les alliés qui se retirèrent après une violente dispute.

Cette si peu sanglante affaire n'en porte pas moins le titre pompeux de « Bataille du Fossé ».

Après l'éloignement de l'ennemi, Mahomet résolut de tirer vengeance de la tribu juive des Beni-Koraïda, possesseurs d'un château dans Médine. Ils s'étaient, en effet, déclarés pour Abou-Sofian. L'avidité ne fut pas étrangère à cette résolution, les Koraïdites possédant, outre leurs richesses en ville, de vastes champs cultivés et de nombreux troupeaux.

Le prophète fit donc cerner leur château pour le réduire par la famine.

Les Koraïdites avaient de nombreux amis qui intervinrent en leur faveur.

L'apôtre de Dieu, peu désireux de lâcher sa vengeance et encore moins sa proie, recourut à une perfidie doublée de cruauté, digne de toute flétrissure.

Mahomet, en effet, proposa de s'en remettre au jugement de Saad, l'un des personnages les plus en vue de Médine. Les Koraïdites acceptèrent avec joie, Saad ayant toujours été de leurs amis. Or, le prophète n'ignorait pas combien Saad les avait pris en haine depuis la bataille du Fossé, où il avait reçu une blessure des plus graves.

L'arbitre exigea d'abord le serment de s'en remettre à son jugement sans appel. Après la prestation du serment, Saad condamna les hommes à mort, les femmes et les enfants à la servitude.

Dans de larges fosses creusées au marché, on décapita successivement un à un tous les adultes. On procéda ensuite au partage des femmes et des enfants, puis des biens meubles et immeubles. Le prophète prit pour sa part Réhana, la plus belle femme de la tribu, et l'épousa.

*
* *

Mahomet profita du mois sacré pour tenter un pèlerinage à la Mecque. Il arriva sous les murs, ayant évité Khaled, envoyé pour lui barrer la route avec de la cavalerie, et s'établit sur un terrain neutre. L'entrée de la ville lui fut interdite et il dut se contenter de sacrifier ses chameaux sous les murs. Des émissaires visitèrent le camp du prophète pour juger de l'esprit qui y régnait. Ils constatèrent avec étonnement la vénération dont l'apôtre de Dieu était l'objet : l'eau dont il se servait pour ses ablutions était sanctifiée ; on recueillait, comme de précieuses reliques, les cheveux de sa tête ou les rognures de ses ongles. Ils admirèrent l'ordre et la discipline des troupes et la perfection de leur armement. Les habitants de la Mecque, comprenant alors l'importance d'un pareil ennemi, conclurent un traité de paix d'une durée de dix années, pendant lesquelles Mahomet et ses partisans pourraient, trois jours par an, pénétrer dans la ville pour y pratiquer leurs rites.

⁂

Omar offrit sa fille Hafsa à Othman, gendre de Mahomet, devenu veuf par la mort de Rokaïa, fille du prophète. Malgré les grâces d'Hafsa, Othman refusa. Omar, piqué au vif, se plaignit à Mahomet de cette injure : « Console-toi, Omar, lui répondit le prophète, une meilleure femme est réservée à Othman et un meilleur mari à ta fille. » Il donna donc sa fille Oum-Colthum à Othman et prit Hafsa à son compte ; du même coup, il s'attachait deux valeureux guerriers et satisfaisait sa passion pour la beauté.

Sans autre raison que la renommée de ses richesses, Mahomet décida une expédition contre la ville juive de Kaïbar ; car la déprédation entretenait l'ardeur des croyants et gagnait à la foi de nouveaux prosélytes. L'affaire fut rude. Après l'assaut, pour arracher à Kenana, roi de la tribu, le secret de son trésor, on le tortura jusqu'à la la mort.

Safiya, femme de Kenana, était fort belle ; Mahomet la prit dans sa part de butin et s'empressa de l'épouser — chose étrange, Safiya se montra satisfaite de son sort.

Outre les mariages suggérés par son tempérament volcanique, le prophète contractait des mariages politiques. Ainsi, il épousa la fille de son implacable ennemi, Abou-Sofian, dans l'espoir de l'apaiser. Le mari de la fille d'Abou-Sofian était mort en Abyssinie où elle l'avait suivi dans la *petite fuite,* quand, au début des prédications de Mahomet, une quarantaine de prosélytes se réfugia chez le négus.

A l'annonce de cette union, Abou-Sofian s'écria : « Ce chameau est tellement lascif qu'aucune muselière ne peut le retenir. »

Ce fut encore la politique qui décida son mariage avec Maimuna, âgée de cinquante et un ans. Maimuna clôt la liste de ses épouses. La mariée lui apportait en dot la précieuse conversion de deux de ses parents : l'un, le poète Amrou qui, après avoir poursuivi Mahomet de ses sanglantes satires, devait un jour porter au loin l'étendard de la foi ; l'autre, le terrible Khaled, qui avait si fort maltraité les musulmans à la bataille d'Ohod.

*
* *

Mahomet se jugea assez puissant pour adresser une ambassade à l'empereur Héraclius et à Chosroès II, roi de Perse. Héraclius reçut les envoyés avec indifférence, Chosroès avec indignation.

Le préfet d'Égypte, également sollicité, demanda à réfléchir. Connaissant mieux l'importance du prophète et désireux de le ménager, il joignit à sa réponse évasive des cadeaux, entre autres celui de deux jeunes filles coptes. L'une d'elles, Mariyah, troubla violemment le cœur du prophète. Il en aurait volontiers fait sa concubine ; malheureusement, ses décisions antérieures l'en empêchaient. Mais, comme avec le ciel, il est avec Allah des accommodements : une révélation autorisa fort heureusement ses rapports avec sa servante. De ces relations naquit Ibrahim.

*
* *

Si Mahomet conduisait à sa guise des indomptables comme Ali, Omar, Abou-Bekr, il n'était pas toujours sans souci du côté de son harem.

Il agissait équitablement avec ses femmes. Elles avaient chacune leur habitation personnelle et passaient vingt-quatre heures avec lui à tour de rôle. Quand il allait en expédition, le sort désignait sa compagne. Reste à savoir si l'égalité de traitement allait jusqu'à l'intimité de l'oreiller.

Hafsa, étant de tour, sortit pour aller chez son

père. Le prophète, ayant compté sur une plus longue absence de sa légitime, fut surpris à son retour dans un tête-à-tête expressif avec l'heureuse esclave, mère d'Ibrahim. Hafsa furieuse s'emporta et se mit à pousser des cris de paon. Pour apaiser l'épouse courroucée, Mahomet confus jura de cesser ces relations trop familières. A cette condition, Hafsa se tut et promit de garder le silence sur l'aventure.

Mais, dit le proverbe arabe, la langue d'une femme frétille comme la queue d'un agneau.

Malgré sa promesse, Hafsa conta l'affaire. Toutes les épouses accoururent en ouragan faire à l'infortuné prophète une scène épouvantable. L'apôtre de Dieu finit par se mettre en colère, les renvoya durement et leur signifia sa volonté de coucher seul désormais.

Après un mois d'une abstinence sans doute fort cruelle, une bienheureuse révélation releva le prophète de son serment et l'autorisa à partager avec la belle Mariyah sa couche solitaire.

Si les épouses avaient gagné la première manche, le prophète tenait bien la seconde. Comprenant qu'elles avaient tout à perdre à ce jeu, elles capitulèrent et firent les premières avances...; en réponse, une nouvelle révélation leur fit connaître que les règles imposées aux vulgaires humains ne concernaient pas le messager de Dieu. Il reprit donc ses femmes, mais en conservant Mariyah, non seulement parce qu'elle était belle, mais parce qu'elle était la mère de son fils unique, Ibrahim.

*
* *

Conformément au traité conclu avec les Koreischites — traité autorisant les musulmans à pratiquer librement leurs rites durant trois jours pendant le mois sacré, — Mahomet accomplit le pèlerinage l'année suivante, escorté d'une nombreuse armée.

Les mahométans déposèrent leurs armes hors des murs et entrèrent dans la ville, vêtus en pèlerins ; le recueillement du prophète et de ses disciples lui gagna un grand nombre de nouveaux adhérents.

*
* *

La bataille de Mouta nous donne une très haute idée de la bravoure des guerriers de Mahomet.

Le prophète avait expédié un ambassadeur au gouverneur de Bosra, sur les confins de la Syrie, afin de l'inviter à embrasser l'islamisme. Cet envoyé fut assassiné à Mouta.

Pour punir les coupables et assurer à l'avenir le respect de ses ambassadeurs, Mahomet fit partir trois mille hommes commandés par Zéid. Plusieurs officiers choisis lui furent adjoints, entre autres : Jaafar, cousin de Mahomet ; Abdallah, le poète ; Khaled, le nouveau converti.

La petite armée croyait surprendre Mouta. Elle apprit en route qu'un corps de Romains, de Grecs et d'Arabes, très supérieur en nombre, s'avançait à sa rencontre. Zéid convoqua le conseil de guerre. Quelques-uns émirent l'avis de demander des ordres au prophète.

— Nous combattons pour la foi, s'écria Abdallah le poète ; si nous tombons, le paradis est notre récompense ! En avant ! A la victoire ou au martyre !

Malgré leur furie, les musulmans se brisent contre ce bloc impassible, savamment organisé, d'armement supérieur. La bannière sacrée s'échappe des mains de Zéid blessé à mort. Jaafar la saisit, elle devient le centre d'une lutte acharnée. La main avec laquelle le cousin de Mahomet tenait l'étendard du prophète est coupée ; il le saisit de l'autre qui est aussitôt abattue ; il l'étreint de ses bras sanglants, un coup de cimeterre lui fend le crâne. Jaafar tombe attaché au symbole de la foi. Abdallah le poète s'en empare, il est frappé à mort. Khaled s'élance, relève le drapeau fatal et le tient haut au milieu de l'ouragan de la bataille, entraînant ses coreligionnaires au plus épais de l'ennemi.

La nuit sépare les combattants.

Au jour, le combat recommence. Cette fois, grâce aux excellentes dispositions de Khaled, les Romains, enfoncés au premier choc, se retirent en pleine déroute.

L'armée, chargée de dépouilles, fut accueillie dans Médine avec autant de gémissements que d'acclamations.

Quand la fille de Zéid se présenta devant le prophète, entourant son cou de ses bras, il se pencha vers elle sans trouver une parole au milieu de ses sanglots. Un des assistants s'étonna de cette douleur à propos d'une mort qui donnait entrée dans le paradis.

— Ce sont les pleurs d'un ami séparé de son ami, répondit Mahomet.

L'apôtre de Dieu, se ressaisissant et reprenant son calme, décerna solennellement à Khaled le titre d'« Épée de Dieu », puis il ajouta :

— Ne pleurez pas mon frère Jaafar. A la place de ses deux mains perdues à la défense de l'étendard de la foi, Dieu lui a donné deux ailes pour monter au paradis, où il jouit des délices sans fin réservées au croyant tombé dans la bataille.

L'autorisation de pratiquer annuellement ses rites à la Mecque, pendant trois jours, ne pouvait satisfaire l'ambition religieuse de Mahomet. Purger la Caaba de ses idoles et la rendre au culte du vrai Dieu était l'idée fixe du prophète.

Il prépara son expédition contre la ville sainte

dans le plus grand secret, voulant s'en emparer par surprise et, s'il était possible, sans effusion de sang.

Subitement il convoqua ses alliés pour une destination inconnue, rassembla ses forces et se mit en marche.

Mahomet espérait, par la vue de son armée, convaincre les Koreischites de leur impuissance et les amener à rendre la ville sans combat. Cependant une collision entre des Koreischites et Khaled, qui commandait l'aile gauche, amena l'ardent guerrier à tirer l'épée et à poursuivre ses adversaires jusque dans la ville. Le prophète n'arrêta point sans peine le carnage dans la Mecque, enlevée de vive force malgré son désir.

Le lendemain, au lever du soleil, le prophète triomphant pénètre dans la sainte cité avec le turban noir et l'humble costume de pèlerin, s'efforçant d'effacer le vainqueur derrière le messager de Dieu.

« A Dieu, dit-il, en franchissant les murs, appar-
« tiennent les armées du ciel et de la terre. Dieu a
« réalisé la vision de son prophète dans laquelle
« il lui disait : Vous entrerez certainement dans la
« Mecque en toute sécurité. »

A ce moment d'immense joie, reparaît l'homme antérieur à la proclamation de la religion de l'épée. Dans toute son attitude, ses paroles, ses actes, éclate la sincérité de sa foi. Dans cette cité où il a été vilipendé, d'où il a été ignominieusement chassé, il entre dominé par de pieuses pensées. Cependant à sa suite marchent dix mille guerriers farouches, avides de butin, prêts à exécuter avec une joie sauvage tout ordre sanguinaire. Des guerres continuelles avaient fait du combat leur vie normale. Le prophète les avait pliés à la plus sévère discipline. Ils suivaient sa bannière avec l'ardeur de pirates flairant une proie, l'obéissance passive du soldat de métier, le fanatisme du disciple, supportant la fatigue, la soif, l'ardeur du soleil avec une endurance qui n'a jamais été égalée.

Il y a loin de l'entrée triomphale de Mahomet dans la Mecque à l'entrée triomphale de Jésus dans Jérusalem avec son joyeux cortège de femmes et d'enfants chantant des cantiques et jonchant le sol de fleurs embaumées.

Sans descendre de sa monture, il se rend à la Caaba.

S'il épargne ses ennemis, il satisfait sa vengeance sur les idoles qu'il fait briser ou brûler. Il raille ces impuissants dieux de bois et s'indigne de voir les anges représentés sous la forme de belles femmes : « Il y a, dit-il, dans le paradis, de célestes houris pour la joie des vrais croyants, mais les anges sont d'une nature trop pure pour avoir un sexe. »

Le prophète reconnaissait ainsi implicitement l'infériorité de sa nature, car ce n'était point le sexe qui lui faisait défaut.

Arrivé au but de ses désirs, à la réalisation de ses rêves, l'apôtre pardonne à ceux qui ont voulu lui barrer la route.

Quelle immense influence eurent ces persécuteurs sur le tempérament et la carrière de Mahomet !... Ce sont eux qui l'ont fait. Éclatant exemple des effets de la persécution. Ce sont ses ennemis qui ont transformé l'inoffensif prédicateur en un puissant chef de guerre. Que resterait-il de Mahomet, si les Koreischites l'avaient laissé tranquillement élever cette mosquée où il aurait paisiblement conté à son auditoire ses entretiens avec l'ange Gabriel ?

Malgré la maxime musulmane : « Pour convaincre les incrédules entêtés, il n'est meilleur argument que le sabre », Mahomet s'efforce de gagner la Mecque par la douceur. Sa générosité lui valut de nombreuses conversions, et le dévouement de ces convertis montra plus tard leur sincérité.

Le cas d'Abdallah-Ibn-Saad mit à une rude épreuve la clémence de Mahomet. En effet, non seulement Abdallah avait offensé l'homme par de sanglantes railleries, mais il avait odieusement trompé la confiance de l'apôtre. Secrétaire du prophète, il était retourné à l'idolâtrie avec ostentation et avait ridiculisé le Coran en se vantant de l'avoir altéré. Avant de prononcer le pardon, Mahomet garda longtemps le silence, espérant, dit-il plus tard, qu'un des assistants, emporté par son zèle, aurait abattu la tête du renégat. Cependant Ibn-Saad devint bon musulman. Il mourut en récitant le Xe chapitre du Coran : « Les coursiers de guerre. » Il était le plus élégant cavalier de sa tribu.

Après la prise de la Mecque, les chefs bédouins des alentours vinrent successivement s'incliner devant la puissance désormais incontestée de l'Islam.

L'un d'eux s'approcha du prophète dans la rue où, volontiers, il circulait seul et toujours familièrement abordable. Mahomet l'invita gracieusement à l'accompagner chez lui pour causer plus à l'aise. Pendant le trajet, une vieille femme de misérable aspect s'avança vers l'apôtre. Immédiatement Mahomet s'arrêta. Prêtant à la pauvre créature une oreille aussi attentive que s'il se fût agi des intérêts politiques les plus graves ; il ne la quitta que quand il la vit satisfaite. Quand le chef bédouin entra dans la modeste chambre du prophète, le souverain maître de l'Arabie s'assit à terre, offrant à son hôte le seul coussin rembourré de feuilles de palmier dont il disposait.

Le bonheur constant de ses armes inclinait Mahomet vers une générosité dont ses partisans commençaient à murmurer ; car le plus grand nombre de ses sectateurs, aussi pillards que croyants, ne séparaient guère le butin de la foi. Un poète satirique railla ces libéralités : « Coupez-lui la langue », dit Mahomet. Le terrible Omar prenant la sentence à la lettre s'apprêtait à l'exécuter, quand des disciples, qui avaient mieux compris la pensée du prophète, conduisirent le poète tremblant au parc où se trouvait le bétail capturé et lui dirent de prendre ce qu'il voudrait. « Par Allah, s'écria-t-il, je ne prendrai rien ! » Mahomet lui envoya un cadeau de 60 chameaux. Dès lors le poète chanta les louanges du prophète avec cette langue pour laquelle il avait eu si grand'peur.

*
* *

Pendant que les apôtres armés de Mahomet répandaient sa religion dans la plaine à la pointe de l'épée, les Ḥaazins, à la tête d'une ligue de montagnards, levèrent l'étendard de la révolte.

Les musulmans faillirent être écrasés dans un défilé, Mahomet désespéré allait chercher la mort dans les rangs ennemis quand Al-Abbas, enlevant les troupes, ramena la victoire.

Les Haazins firent leur soumission en demandant la restitution de leurs biens et de leurs familles groupées dans un camp au pouvoir de l'ennemi. Halêma, nourrice du prophète, qui accompagnait les délégués, intercéda en faveur des vaincus.

— Que préférez-vous, leur demanda Mahomet, vos biens ou vos familles?

— Nos familles.

— Al-Abbas et moi, nous sommes prêts à abandonner notre part de prisonniers, mais il y a d'autres intéressés. Venez donc me trouver à la prière et dites : Nous supplions l'apôtre de Dieu d'obtenir de ses partisans qu'ils veuillent bien nous rendre nos femmes et nos enfants.

Mahomet et Al-Abbas ayant publiquement renoncé à leur part de captifs, tous les guerriers suivirent leur exemple.

Halêma, courbée sous les ans, eut donc la joie de délivrer les captifs de sa tribu. Mahomet la traita avec une grande déférence. Un de ses disciples raconte à ce sujet : « J'étais devant le prophète quand une vieille femme se présenta; il se leva, puis étendit son manteau pour la faire asseoir. Peu après, j'appris que c'était sa nourrice. »

L'apôtre de Dieu devait bien à la vieille Halêma ce tribut de reconnaissance.

Le futur prophète avait deux mois quand son père mourut, laissant pour tout bien cinq chameaux et une esclave éthiopienne. Le travail et le chagrin avaient tari les seins de sa mère Amina. L'enfant serait mort de faim si la Bédouine Halêma, prise de pitié, ne l'avait emporté chez elle. Amina mourut six mois après. Ses vraies mères furent donc, d'abord sa nourrice Halêma, puis la fidèle esclave éthiopienne Barakat — comme son excellent oncle, Abou-Taleb, qui recueillit l'orphelin, fut pour lui le plus tendre des pères.

Ceci explique le bizarre mélange de sentiments du prophète quand, à la suite de son premier pèlerinage, il visita le tombeau d'Amina. Il éclata en sanglots : « J'ai demandé à Dieu, dit-il, de visiter la tombe de ma mère, il me l'a accordé ; quand j'ai demandé à prier, j'ai été refusé. »

Ce n'était cependant point précisément la faute d'Amina si elle n'était point morte dans la foi.

*
* *

La tentative d'expédition de Mahomet contre la Syrie nous donne une idée de son empire sur ses sectateurs.

Il décida cette expédition au fort de l'été quand les sources tarissent dans une terre embrasée. Cette fois une résistance assez vive se manifesta contre ses projets. Comme toujours, quand il en avait besoin, il reçut une révélation : « Ceux qui refusent de se vouer au service de Dieu allèguent la chaleur de l'été pour excuse. Dites-leur que le feu de l'enfer est encore plus chaud. »

Si l'on veut être équitable envers Mahomet, il faut toujours avoir cette pensée présente à l'esprit : un prophète confond aisément ses inspirations avec celles d'en haut; il croit entendre la voix de Dieu, quand il entend celle des intérêts de sa cause.

Pour stimuler l'ardeur des masses, Omar et d'autres disciples donnèrent des sommes importantes. Abou-Bekr porta tout ce qu'il avait.

— Mais que te reste-t-il ? lui demanda Mahomet.

— Dieu et son prophète, répliqua Abou-Bekr.

Cependant quelques guerriers persistèrent à rester à Médine. L'un d'eux, entrant dans son jardin à l'heure de la chaleur, vit servi, sous sa tente, un repas de viande et d'eau fraîche.

A cette vue, pris de remords, il s'écria :

— Maintenant le prophète de Dieu est exposé au soleil brûlant du désert, et Kaithama se réjouirait à l'ombre entre ses deux belles femmes ! Par Allah, je n'entrerai pas sous cette tente !

Saisissant ses armes, il monte son chameau et court rejoindre l'étendard de la foi.

Après avoir soumis divers princes arabes, Mahomet, ébranlé par les souffrances de son armée, réunit son conseil de guerre et posa la question : « Faut-il continuer ou non ? » Omar répondit : « Si tu as des ordres de Dieu, avance. » — « Si j'avais des ordres de Dieu, lui répondit sèchement Mahomet, je ne te consulterais pas. » Omar sentit la réprimande. Après avoir énuméré les sérieux avantages obtenus dans la campagne, il proposa le retour à Médine. Mahomet se rangea à cette opinion, car il adoptait volontiers l'avis de ses généraux, quand il ne se croyait pas divinement inspiré.

*
* *

Un grand malheur domestique frappa Mahomet à l'apogée de sa grandeur : il perdit son fils unique Ibrahim. Dans cette terrible épreuve, le prophète montra toute sa soumission à la volonté de Dieu. Près de son enfant mort, il murmura tout en larmes : « Ma douleur, ô mon fils, serait bien plus grande si je ne savais pas te suivre bientôt, car nous appartenons tous à Dieu ; de lui nous sommes venus, à lui nous retournons. »

Il accompagna le corps jusqu'à la tombe où il dit en sanglotant : « Mon fils ! mon fils ! dis : Dieu est mon Seigneur, le prophète de Dieu était mon père et l'islamisme est ma foi. »

*
* *

La mort d'Ibrahim porta le coup mortel à Mahomet dont la santé était déjà bien ébranlée ; il sentit approcher sa fin.

Cette fin fut vraiment belle.

Il annonça son intention de faire un pèlerinage modèle avant de se présenter à Dieu.

114,000 pèlerins se préparèrent à le suivre.

Il fit sa première halte près d'une mosquée à quelques milles de Médine.

Le lendemain, au jour, après avoir prié dans la mosquée, il monta son chameau, Al-Kasaoua, et la multitude se mit en marche en répétant son invocation :

« Me voilà à ton service, ô mon Dieu, me voilà à ton service !.. Tu n'as pas d'égal, à toi seul appartient l'adoration. Tout vient de toi : la royauté est à toi seul, il n'y a personne pour la partager avec toi. »

Arrivé à la Mecque, après avoir accompli tous les rites, il sacrifia 63 chameaux de sa main, un pour chaque année de son âge ; puis il se rasa la tête et partagea les boucles de ses cheveux entre ses disciples. Khaled portait au combat, dans son turban, celle qu'il avait reçue, elle lui donnait une force surnaturelle.

Le prophète prêchait fréquemment dans la Caaba ou en plein air monté sur son chameau.

« Je ne suis qu'un homme comme vous, répétait-il souvent, et l'ange de la mort plane sur ma tête. »

En terminant ses sermons, il entendit la voix même de Dieu lui dicter le fameux verset du Coran :

« Malheur en ce jour à ceux qui ont renié votre religion ! Ne les craignez point, craignez-moi. Aujourd'hui j'ai complété votre religion. C'est mon bon plaisir que l'islamisme soit votre foi. »

Ce fut la dernière révélation.

Le pèlerinage ainsi terminé, Mahomet s'en retourna avec son immense escorte. Quand il arriva en vue de Médine, du haut de son chameau il s'écria : « Dieu est grand ! Dieu est grand ! il n'y a qu'un Dieu. Il n'a pas d'égal, il a la royauté. A lui revient la louange. Il a soutenu son serviteur et dispersé ses ennemis. »

* * *

Mahomet employait tout entières, au soulagement des pauvres ou aux expéditions de la foi, les immenses richesses provenant des tributs ou des dépouilles de la guerre. Son trésor était toujours vide, malgré l'extraordinaire simplicité de sa vie.

Il priait constamment.

Un jour Aïescha lui demanda :

— O prophète, quelqu'un peut-il entrer dans le paradis sans l'indulgence de Dieu ?

— Personne, personne, personne, répondit-il, en appuyant sur les mots.

— Et toi, n'entrerais-tu pas dans le paradis sans sa miséricorde ?

Se prenant la tête dans les mains, il répondit avec une grande solennité :

— Ni moi non plus, je n'entrerai pas dans le paradis, si Dieu ne me couvre de sa pitié.

Plus la santé de Mahomet déclinait, plus s'exaltait son ardeur à étendre le domaine de la foi. Il fit d'immenses préparatifs pour l'invasion de la Syrie et de la Palestine.

La nuit du départ de l'armée, suivi d'un esclave, il se rendit au cimetière où les morts l'invitaient à prier pour eux.

Arrivé au milieu des tombes, il éleva la voix dans une apostrophe solennelle :

— Réjouissez-vous, habitants des tombeaux ! plus paisible sera le matin où vous vous réveillerez que celui qui attend les vivants ! Meilleure est votre condition. Dieu vous a délivrés des orages qui se suivent comme les heures d'une nuit tourmentée.

Le jour suivant, il se fit porter à la mosquée. Après avoir dévotement prié, il s'adressa à l'auditoire :

— Y a-t-il quelqu'un que j'aie frappé ? Voici mon dos, qu'il me frappe à son tour. Y a-t-il quelqu'un dont j'aie attaqué la réputation? Qu'il m'en fasse le reproche. Y a-t-il quelqu'un à qui j'aie fait tort injustement ? Qu'il s'avance, il sera indemnisé.

Il pria pour les fidèles tombés sur le champ de bataille et donna ces trois commandements :

1° Chasser tous les idolâtres de l'Arabie.

2° Accorder à tous les prosélytes les mêmes privilèges.

3° Se livrer constamment à la prière.

Son sermon terminé, on le porta chez Aïescha où il s'évanouit.

* * *

La maladie faisait des progrès rapides. Le vendredi, il se fit jeter de l'eau fraîche sur le corps, espérant se donner, par cette aspersion, assez de vigueur momentanée pour officier à la mosquée, mais il tomba en faiblesse.

Il prescrivit à Abou-Bekr de faire les prières publiques. L'apparition d'Abou-Bekr dans la chaire suscita une grande rumeur. Mahomet, entendant le bruit de sa maison attenant à la mosquée, s'y fit porter et s'assit derrière Abou-Bekr, à qui il ordonna de continuer les prières.

Quand elles furent terminées, il s'adressa à l'auditoire :

« Tout arrive par la volonté de Dieu à une époque déterminée qui ne peut être avancée ni reculée. Je retourne vers celui qui m'a envoyé. Mon dernier commandement est que vous vous aimiez, que vous restiez unis, que vous vous souteniez les uns les autres, en vous exhortant mutuellement à la foi. La mort nous attend tous. Ma vie a été consacrée à votre bien, ainsi sera ma mort. »

Voyant sa fin approcher, il donna la liberté à ses esclaves, fit distribuer son argent aux pauvres, et, levant les yeux au ciel, prononca ces dernières paroles : « Que Dieu soit avec moi dans la lutte contre la mort ! »

Bientôt la vie s'éteignit.

La consternation s'empara de la ville ; l'armée,

revenue sur ses pas, planta son étendard devant la maison du prophète.

*
* *

La foule déclarait à grands cris qu'elle ne voulait pas qu'on enterrât Mahomet. Omar, le cimeterre à la main, criait qu'il couperait les pieds et les mains à quiconque oserait dire que le prophète était mort. « Il reviendra ! » vociférait-il.

Abou-Bekr accouru parvint à calmer la foule et les emportements d'Omar.

— Vraiment, dit-il, si Mahomet est l'objet de votre culte, Mahomet est mort ; mais, si c'est Dieu que vous adorez, il ne peut mourir. Mahomet n'était que le prophète de Dieu, il a subi le sort des apôtres. Allah lui-même a dit, dans le Coran, que Mahomet n'était que son ambassadeur et qu'il était soumis à la mort. Parce qu'il est mort, vous éloignerez-vous de sa doctrine ?

La foule, éclatant en sanglots, cessa ses cris. La fureur d'Omar tomba ; mais, toujours désespéré, il se roulait sur le sol.

Mahomet fut enterré où il était mort. Sa tombe fut creusée sous le lit d'Aïescha où il avait rendu le dernier soupir.

ISLAM

On dit : « Les Turcs sont de très braves gens. » — Sans doute, mais concédez que leur gouvernement est horrible.

*
* *

Le despotisme est l'essence de l'islam ; il n'en peut être autrement, vu ses origines. Quand, à Médine, il sort de l'ombre, c'est moins comme une secte religieuse que comme une bande de pillards ; puis la bande grossit, s'organise et se transforme en puissante armée de conquête. L'islamisme ne peut donc être une religion d'humanité ; il est la morale, le code, la religion d'un corps militaire.

*
* *

L'islamisme étant la religion de l'épée, il faut lui arracher l'épée.

*
* *

Le Turc, l'Arabe, le Persan, sont des hommes comme les autres ; ils ne valent ni plus ni moins. S'ils ont leurs vices, ils ont leurs vertus.

Mais, comme groupes, les musulmans constituent des groupes détestables, ils deviennent des fléaux.

*
* *

Il ne s'agit point de proscrire la religion musulmane. Comme toute autre, elle a droit à l'existence, à la condition de ne point nuire.

Il s'agit de supprimer le *gouvernement* de l'islam comme incompatible avec toute civilisation. L'humanité a le droit de s'en préserver comme de l'anarchie, de la peste et du choléra.

*
* *

Il serait vraiment étrange d'avoir supprimé le pape-roi pour reconnaître le commandeur des croyants-empereur.

*
* *

La foi appartient au domaine de la conscience, où le gouvernement n'a rien à voir.

Le chef de l'État doit être un laïque, qu'il soit chef de l'État à Constantinople ou à Rome.

*
* *

A Constantinople, comme à Rome, le gouvernement des prêtres a fait son temps.

*
* *

Les trois gouvernements issus de l'islamisme, l'empire Ottoman, l'empire Marocain, l'empire Persan, déshonorent l'humanité.

La réunion des pouvoirs spirituel et temporel dans la même main conduit à la dégradation ; elle rend toute sécurité impossible à l'intérieur et pour les contrées voisines.

Nous ne poursuivons pas la foi musulmane, mais l'oppression musulmane.

Si nous devons respecter dans les consciences la foi musulmane, nous devons détruire un gouvernement de meurtre et de guerre. C'est un devoir de lui arracher son cimeterre.

Au nom de la liberté, on ne peut laisser un fou furieux errer avec un sabre.

La liberté d'action n'est pas la liberté de conscience.

Prêchez tout ce qu'il vous plaira en chaire — halte-là, si vous prêchez dans la rue à coups de revolver.

Parce qu'on assassine au nom du vrai Dieu, ce n'est pas une raison pour laisser faire.

*
* *

L'islamisme a pu produire des natures chevaleresques, comme Abd-el-Kader ; il ne produira jamais de ces êtres si profondément humains, dont le christianisme abonde, comme saint Vincent de Paul.

Le bouddhisme est une religion humaine, pitoyable — de bouddhistes à chrétiens on peut s'entendre, ce sont des frères de tempéraments divers.

L'islamisme est une religion anti-humaine.

Pour le musulman, tout ce qui n'est pas musulman est moins qu'un chien.

Le gouvernement français, essentiellement laïque, en principe, est indifférent aux croyances des autres peuples, mais il est bien obligé de compter avec elles là où le gouvernement se trouve dans les mains d'un chef religieux.

La préparation morale à la guerre est le but même de la religion de Mahomet.

Fondée par le pillage et pour le pillage, la religion

de Mahomet est de toute nécessité une religion de guerre et de proie.

*
* *

L'islamisme est contraire à toute civilisation :

1° Par l'abaissement de la femme ;

2° Comme théocratie ;

3° Comme religion de guerre.

Ses dogmes nous importent peu ; nous le condamnons parce qu'il entrave la marche de l'humanité.

*
* *

Le relèvement de la femme a manifestement sa source dans la parfaite pureté de Jésus et dans l'extraordinaire délicatesse de ses relations féminines.

La prodigieuse lasciveté du prophète a déteint sur les sectateurs du Coran, bien qu'on ne l'accuse point du vice cher à l'islam.

N'objectez point qu'à cet égard les chrétiens ne sont pas tous purs... Sans doute, comme il y a des musulmans ivrognes et des assassins dans toutes les confessions.

Vers l'époque de notre occupation de la Tunisie, le bey consulta son conseil religieux au sujet de la singulière institution, moitié harem, moitié école polytechnique, qu'il avait fondée à la fois pour son usage personnel et pour le service de l'État. Le conseil répondit gravement qu'à cet égard le Coran étant muet, ce qui n'est point défendu est permis.

Si notre Henri III a donné du haut du trône d'assez tristes exemples, à coup sûr il était incapable de la féroce lubricité d'Abd-er-Rahman. Pris d'une folle passion pour l'un de ses prisonniers, le jeune neveu de l'archevêque de Tolède, toutes les tentatives de séduction ayant été vaines, il recourut à la force. Dans la lutte, l'adolescent frappe au visage le kalife qui fit déchiqueter sa victime, jusqu'à la mort, avec des tenailles rougies. Aux yeux arabes, c'était justice ; un chrétien toucher la face auguste du commandeur des croyants, quel sacrilège !

*
* *

Mahomet inspira un fanatique dévouement ; il rallia autour de lui les plus terribles hommes de guerre qui furent jamais.

Jésus inspira un amour sans borne, son idéal fut l'universelle fraternité.

*
* *

Une figure bien chrétienne est celle de saint Vincent de Paul. C'est un type bien chrétien celui de cet homme qui, à l'exemple de son divin Maître, semble n'avoir vécu que de l'amour de l'humanité.

Le saint préféré des musulmans est Ali, « le Lion de Dieu ».

***

Il y a déjà quelques années, un de mes amis, embarqué sur un navire de la station du Levant, descendit à Rhodes pour en visiter les fortifications. Un capitaine turc s'offrit gracieusement pour guide — et pour surveillant sans doute. Sans parler correctement le français, l'officier musulman s'exprimait assez clairement pour qu'il fût impossible de se méprendre sur sa pensée.

Le capitaine vanta les remparts de la ville, admirables pour l'époque, mais qui, malgré la prodigieuse bravoure des chevaliers, n'en tombèrent pas moins aux mains de Soliman le Magnifique.

Tout Turc qu'il était, l'officier n'en était pas moins bavard. Il confessa n'avoir pas touché sa solde depuis plusieurs mois ; mais le Sultan lui envoyait du tabac !.... Si le commandeur des croyants était mal dans ses affaires, n'était-ce pas le moment, pour le vrai croyant, de montrer sa fidélité ? Allah pourvoirait à tout....

La conversation déviant peu à peu (si l'un parlait volontiers, l'autre écoutait plus volontiers encore), les deux causeurs en vinrent à parler de la Crète.

Tout à coup, le capitaine se redressa et dit avec une voix assourdie par une colère contenue : « Si nous avions des pachas dignes de ce nom, il n'y aurait pas de question crétoise, parce qu'il n'y aurait plus de Crétois. »

C'est bien la pensée musulmane.

*
* *

Sous la domination musulmane, le sort des incrédules, des idolâtres ou des sectateurs de toutes les religions, est également précaire, dans un pays livré à l'arbitraire des pachas — arbitraire confié à des mains rapaces et cruelles.

*
* *

Ce serait une grande erreur de croire à la décadence de la religion de l'épée par la décomposition de l'empire ottoman.

Sur le continent africain, les missionnaires musulmans obtiennent de bien autres succès que les missionnaires protestants ou catholiques. Il en est de même de cette Chine si réfractaire au christianisme. L'empire du Milieu est menacé peut-être d'échapper aux mains pacifiques des disciples de Confucius pour passer aux mains sanguinaires des sectateurs de Mahomet. L'islamisme a déjà fait les plus sérieuses conquêtes dans le sud-ouest de l'empire. La Chine musulmane ! Le péril jaune ne serait plus un vain mot. Qu'on ne s'y trompe pas, l'islam est un fléau comme aux temps des croisades.

L'islamisme n'est pas une religion comme une autre ; toutes sont des religions de paix ; seul, il est une religion de massacre, de rapine et de guerre.

*
* *

Sur la côte de Syrie, on s'apprêtait à hisser les couleurs à bord d'un de nos cuirassés. Une multitude de barques l'environnait.

Des délégués montèrent à bord.

— Nous nous arrangerons, dirent-ils au commandant, pour ne gêner personne. Nous avons emporté eau et vivres, nous n'avons besoin de rien. Nous vous demandons à monter à votre bord, quand vous aurez hissé les couleurs, pour nous retirer ce soir quand vous les rentrerez. Nous désirons vivre un jour sous le drapeau de la France.

Chacun a ses ambitions pour son pays : les uns rêvent Madagascar et d'autres Tombouctou.

Hors du territoire intégral légué par nos pères, je n'ai jamais ambitionné voir les couleurs françaises flotter que sur Jérusalem.

*
* *

La France, libre-penseuse et chrétienne, est désignée pour la tutelle de Jérusalem.

*
* *

Ne l'oublions jamais, tant que la question d'Alsace-Lorraine et la question d'Orient n'auront pas été résolues, nous n'avons pas le droit de déposer les armes.

Sans désarmement, pas d'amélioration possible dans le sort des masses.

Misère ou justice.

C'est à l'Europe à choisir.

*
* *

Malgré tout, nous marchons vers les États-Unis d'Europe.

L'islamisme, la peste et le choléra feront cette unité que n'a pu faire le bon sens.

LE CHRIST

La religion tient bien plus de l'esthétique que de la logique. Elle est intimement liée à l'art et à la poésie, qui contribuent à la fonder et à l'entretenir, et auxquels, de son côté, elle fournit des éléments et des sujets. Elle essaye très tardivement d'être logique. Quant au croyant, s'il trouve dans sa religion les satisfactions du cœur, il associera, sans broncher et sans la moindre gêne, les contradictions les plus opposées.

L'illusion de la logique dupe les savants en matière religieuse comme en beaucoup d'autres choses.

L'homme aime avant de raisonner.

La science cherche le vrai qui, trop souvent, n'est pas le beau. Or, le beau répond à un besoin aussi bien que le vrai. La religion répond au besoin d'idéal, besoin supérieur et impérieux de l'homme.

Supprimez l'idéal, vous supprimez l'homme.

Un homme épris d'un idéal est un homme religieux.

Voilà pourquoi la religion, généralement en froid avec la science, cousine si volontiers avec l'art et la poésie.

Il n'y a pas deux analyses d'un minéral, il n'y a pas deux théorèmes du carré de l'hypoténuse ; on peut faire à l'infini des Minerve et des Jupiter.

Tel tableau, telle statue, ne peuvent être l'œuvre que de tel peintre ou de tel statuaire. Raphaël seul pouvait peindre ses Vierges, Michel-Ange seul pouvait sculpter son Moïse.

Sans Leibnitz et Newton, on eût trouvé plus tard le calcul différentiel et intégral ; mais on l'eût certainement trouvé. Cela est tellement vrai qu'ils en firent isolément la découverte simultanée.

Sans Jésus et Mahomet, il n'y aurait ni christianisme ni islamisme.

*
* *

La grande différence qui sépare la philosophie de la religion, c'est que la philosophie s'adresse à la raison et la religion au cœur. Certainement, nous devons nous efforcer d'être logiques ; mais, dans nos efforts, nous devons reconnaître l'insuffisance de la raison en dehors du domaine de l'expérience. Nous savons, à n'en point douter, que les lois physiques, reconnues par nous dans notre sphère bornée, s'étendent à tout l'univers. Que savons-nous de l'existence morale des vivants dans la planète de Sirius ?

Nous ne savons rien, absolument rien de l'univers moral. De l'identité des lois physiques et chimiques dans tout l'univers, par induction, nous pouvons conclure à l'identité des lois de la vie.... Mais, à quelles formes se rapportent ces lois ?... En somme, le peu que nous savons de l'univers, comparé à ce que nous ignorons, c'est moins que rien.

De toutes parts, dès que nous sortons du domaine de l'expérience, de profondes ténèbres nous entourent. Pour y faire pénétrer quelques lueurs, nous aurions besoin de connaître la mystérieuse existence des êtres dans les diverses régions de l'univers. Voilà pourquoi, quand nous voulons aller au bout de la logique, nous tombons dans l'absurde. L'absolu n'existe pas pour nous.

La religion, elle, s'efforce de concilier, tant bien que mal, le chaos de contradictions dans lequel nous nous débattons en vain, en renvoyant la raison à son empire incontesté et en offrant des satisfactions à notre cœur.

*
* *

Le mot *humanité* répond à une idée très complexe ou, plus exactement, il répond à des idées très distinctes, mais visiblement apparentées.

En thèse générale : est humanité tout ce qui n'est point bestial.

*
* *

L'humanité n'existe et ne peut exister que par les individus ; mais l'individu vit de l'humanité dans l'espace et dans le temps. Il n'est pas une satisfaction de nos besoins à laquelle l'humanité n'ait concouru, qui n'ait coûté du travail humain, des souffrances humaines, de la sueur ou du sang d'homme sur tous les points du globe.

L'homme ne travaille et ne peut travailler qu'au moyen de capitaux. Or, qu'est-ce que ces capitaux, sinon le travail réalisé par des générations disparues ? Capital matériel, capital scientifique, capital moral, n'est-ce point le résultat du grand travail commun de l'humanité ?

C'est par l'intermédiaire de ce grand être, l'humanité, que l'individu mange, se couvre, parle, raisonne.

L'homme est un foyer de mouvement alimenté par son milieu, l'humanité ; c'est d'elle que l'apôtre parle quand il dit : *In Deo vivimus, movemur et sumus.*

De son alimentation physique à ses plus sublimes pensées, l'individu puise sans cesse et sans fin dans cet inépuisable milieu.

De là, la belle formule du devoir donnée par l'économiste de Molinari : agir dans l'intérêt général et permanent de l'espèce.

*
* *

En chacun de nous vit l'humanité entière, chacun de nous met en œuvre toutes les énergies de l'humanité.

*
* *

L'homme sent s'agiter en lui toutes les générations disparues, de là son amour de l'histoire. Sa science, son pouvoir sur la nature, il tient tout de l'humanité passée. Sur le globe entier, à toute heure, l'humanité pense, agit, travaille pour chacun de nous.

D'autre part, chacun de nos actes se répercute à l'infini, dans l'espace et dans le temps, sur toute notre espèce. Notre travail, si humble qu'il soit, s'ennoblit à la pensée qu'il est l'aliment de l'humanité future.

L'homme vit de l'humanité et par l'humanité, comme l'humanité vit de lui et par lui.

*
* *

La figure de la Bible est juste : l'homme est un peu de boue vivifiée par un souffle supérieur.

Pour les uns, ce souffle vient de Dieu, pour d'autres, ce souffle vient de l'humanité.

Ces opinions, en apparence opposées, sont-elles inconciliables ?

Le médiateur entre l'individu et Dieu, c'est l'humanité.

L'éducation de la personne par l'intermédiaire de l'humanité, telle est bien l'idée symbolisée par la grâce.

Les hommes sont solidaires, c'est-à-dire que, dans tout travail, toute action individuelle, l'humanité intervient, aussi bien l'humanité passée que l'humanité actuelle. Ces secours, puisés par l'homme dans le milieu ambiant, constituent bien cette grâce de saint Augustin, sans laquelle l'homme ne peut rien.

Si l'homme est le roi de la création, c'est par la grâce de l'humanité.

D'après le grand évêque d'Hippone, la nature de l'homme est mauvaise ; de lui-même, il commet le mal ; c'est par la grâce de Dieu qu'il fait le bien.

Chose étrange pour les gens peu familiarisés avec l'idée que le monde matériel n'est que la contre-épreuve du monde moral, l'économie politique con-

nomiste de Molinari : agir dans l'intérêt général et permanent de l'espèce.

*
* *

En chacun de nous vit l'humanité entière, chacun de nous met en œuvre toutes les énergies de l'humanité.

*
* *

L'homme sent s'agiter en lui toutes les générations disparues, de là son amour de l'histoire. Sa science, son pouvoir sur la nature, il tient tout de l'humanité passée. Sur le globe entier, à toute heure, l'humanité pense, agit, travaille pour chacun de nous.

D'autre part, chacun de nos actes se répercute à l'infini, dans l'espace et dans le temps, sur toute notre espèce. Notre travail, si humble qu'il soit, s'ennoblit à la pensée qu'il est l'aliment de l'humanité future.

L'homme vit de l'humanité et par l'humanité, comme l'humanité vit de lui et par lui.

*
* *

La figure de la Bible est juste : l'homme est un peu de boue vivifiée par un souffle supérieur.

Pour les uns, ce souffle vient de Dieu, pour d'autres, ce souffle vient de l'humanité.

Ces opinions, en apparence opposées, sont-elles inconciliables ?

Le médiateur entre l'individu et Dieu, c'est l'humanité.

L'éducation de la personne par l'intermédiaire de l'humanité, telle est bien l'idée symbolisée par la grâce.

* * *

Les hommes sont solidaires, c'est-à-dire que, dans tout travail, toute action individuelle, l'humanité intervient, aussi bien l'humanité passée que l'humanité actuelle. Ces secours, puisés par l'homme dans le milieu ambiant, constituent bien cette grâce de saint Augustin, sans laquelle l'homme ne peut rien.

Si l'homme est le roi de la création, c'est par la grâce de l'humanité.

D'après le grand évêque d'Hippone, la nature de l'homme est mauvaise ; de lui-même, il commet le mal ; c'est par la grâce de Dieu qu'il fait le bien.

Chose étrange pour les gens peu familiarisés avec l'idée que le monde matériel n'est que la contre-épreuve du monde moral, l'économie politique confirme cette opinion de tout le poids de son caractère positiviste.

En effet, comme l'ont démontré les économistes, l'homme isolé ne peut subvenir à sa plus chétive existence. Il ne peut développer son être physique et moral sans le concours de ses semblables. *Son développement est proportionnel à l'étendue de ses relations avec ses semblables*. De l'instrument le plus vulgaire, couteau, cuiller ou bol, au plus puissant instrument collectif, tout est le produit du travail de l'humanité présente ou passée. En cherchant bien, il n'est pas un clou dans lequel nous ne pourrions retrouver la trace de l'effort de l'humanité entière.

Toutes les lois de l'échange, de la division du travail, de la concurrence, se résument en un mot : *solidarité*. Or, qu'est-ce que la solidarité, sinon la forme économique de la fraternité chrétienne ?

*
* *

L'homme, disant adieu aux mythes enfantés par son imagination terrorisée, quitte la morale de la contrainte pour entrer dans la morale de la liberté. Au régime autoritaire d'un sacerdoce disposant des peines et des récompenses, se substitue lentement le régime de l'autarchie.

L'homme ne fera plus le bien par peur des supplices, mais par le respect de soi. Il épure son âme par la contemplation du crucifié, symbole et personnification de l'humanité.

Il sent vivre en lui l'humanité entière, comme il vit en elle. Il se considère comme le membre d'un tout indivisible dont il tient l'être, la vie, la pensée. L'étroite solidarité qu'il reconnaît entre sa personne et l'humanité devient la boussole de sa conduite. Il est une manifestation de l'humanité ; il agit en elle et par elle, comme elle agit en lui et par lui. Il se regarde comme le temple sacré de la pensée humaine.

Pour nous, habitants de l'infime globe terrestre, l'humanité est la plus haute manifestation de Dieu. Aimer l'humanité, c'est aimer Dieu.

L'amour de l'humanité est le plus haut idéal à la portée de notre intelligence bornée.

L'homme tient tout de l'humanité, depuis la pensée, la parole, jusqu'à la satisfaction de ses plus humbles besoins. L'homme le mieux doué offre bien peu en échange de ce qu'il a reçu ; par suite, il doit comprendre l'importance de sa dette et l'impossibilité de s'en acquitter entièrement.

Il doit sentir en son cœur un amour immense

pour cette humanité dont il a tout reçu, dont il reçoit tout à toute heure, sans presque rien lui rendre en retour.

Tel est le sens de la théologie chrétienne, quand elle dit : « L'homme, par lui-même, n'est que misère et que péché, il ne vaut que par le sang du Christ. »

Ce qui veut dire : l'homme par lui-même n'est que bestialité, il est le plus lamentable des animaux ; toute sa valeur intellectuelle et morale lui vient du travail, des efforts et de la souffrance de l'humanité. Pour chaque chrétien, le Christ a versé son sang sur le Calvaire ; pour chaque homme, le sang de l'humanité coule sur le Golgotha de l'histoire.

D'après certains philosophes d'outre-Rhin, l'humanité, en affirmant Dieu, ne fait que s'objectiver. C'est son image qu'elle contemple en croyant contempler Dieu. Dieu se fait en nous par notre développement intellectuel et moral.

Pour nous, hommes, irrémédiablement condamnés à la vérité relative, condamnés à jamais à ne pas franchir le seuil du sanctuaire de l'absolu, cette thèse peut se soutenir.

Infiniment petits, égarés un instant sur une infiniment petite planète, atome perdu dans l'univers infini, nous ne pouvons connaître Dieu que par ses manifestations, et, *pour nous*, la plus haute manifestation de Dieu est l'humanité, comme la plus haute manifestation de l'humanité est le Christ.

***

Souvent, je pense à une estampe de 1848 bien caractéristique : elle représentait un insurgé portant un crucifix au milieu de la foule frémissante, en armes, agenouillée.

Les vieilles barbes de 1848, quelles que fussent leurs opinions, leurs haines, leurs croyances ou leurs incroyances, s'accordaient sur ce point, le culte du Christ.

Le culte du Christ, généralement professé par les réformateurs, les utopistes ou même les révolutionnaires de cette époque, témoigne de ce fait : le libre-penseur aime Jésus-Christ autrement que l'orthodoxe, mais il peut l'aimer tout autant.

***

Le culte de l'humanité, figurée par le Christ, a pour corollaire la paix perpétuelle, l'abolition des barrières entre tous les peuples, qui n'en conservent pas moins leur personnalité, leur individualité, leur autarchie.

Il a pour conséquence immédiate la formation des États-Unis d'Europe, avant-courrière de l'universelle fraternité.

*
* *

Où nous aurait mené la pourriture romaine sans la Bonne Nouvelle ?

La Bonne Nouvelle était la réconciliation de l'homme avec Dieu, car Dieu lui-même avait revêtu la forme humaine pour s'assujetir à nos misères, pour souffrir avec nous, comme nous. A quelle hauteur n'en était point relevée notre espèce ?

Par son sacrifice, le Verbe avait été le témoignage de l'amour infini de Dieu. Les hommes sont bien les enfants de Dieu, puisqu'ils ont compté parmi eux le Verbe incarné.

*
* *

On comprend avec quelle joie les grands cœurs accueillirent le Bonne Nouvelle.

Aujourd'hui, sous l'influence des grands émancipateurs du XVIIIe siècle, notre raison se cabre devant cette théologie. Mais il est des moments, dans l'existence des masses comme dans celle de l'individu, où les besoins du cœur l'emportent sur les besoins de la raison. Nous demandons une foi qui nous console, or quelle foi est plus consolante que la croyance au

Dieu-Père, au Père Céleste, à Notre Père qui est aux cieux?

*
* *

Tout ce que nous voyons, tout ce que nous sentons, tout ce que nous savons (car nous ne savons rien en dehors de l'expérience), proteste contre l'existence du Dieu-Père.

A quoi bon nier puisque la chose est manifeste? Mais si notre raison proteste, la contemplation de l'Homme-Dieu nous élève, malgré nous, à la foi dans le Père Céleste.

Ce qui justifie pleinement la parole que l'évangéliste met dans la bouche de Jésus: « Personne ne vient au Père que par moi. »

*
* *

Aux dieux ou au Dieu de la nature, Jésus a substitué le Dieu vivant dans le cœur du Juste.

*
* *

La religion païenne consistait à pratiquer certains rites pour obtenir certains avantages; la religion chrétienne est le développement du *moi* suivant un certain mode tracé par l'Évangile.

*
* *

Jésus croyait sans doute au pouvoir illimité de la foi. Très vraisemblablement, il lui attribua un pouvoir qu'elle ne saurait posséder dans le monde de la nature. Comment s'en étonner? En Judée, de son temps, la séparation du monde de la nature et du monde de la liberté n'était point suffisamment établie.

Certainement il dotait la foi du pouvoir de créer un monde supérieur au monde de la nature.

En cela, s'est-il trompé ?

Non, certes.

Ce monde supérieur existe dans l'âme de l'athée qui aime l'humanité aussi bien que dans l'esprit du croyant.

Les tendances les plus opposées coexistent harmonieusement dans les Évangiles pour satisfaire aux besoins opposés de cet être si effroyablement complexe, l'homme.

L'Évangile, individualiste parfois, le plus souvent autarchiste, se prononce rarement en faveur de la tutelle.

Sa dominante est l'association volontaire des hommes, se considérant comme des frères, et l'union individuelle avec Dieu.

N'est-ce point une nécessité, ces oppositions fréquentes des Évangiles ?

La nature humaine n'est-elle point tissée d'antinomies ? Notre rôle n'est-il pas d'osciller éternellement de l'une à l'autre ? Notre nature n'est-elle point tiraillée en tous sens par les appétits, les désirs les plus contradictoires ?

Comment répondre à tous ces besoins, dont les deux principaux sont les besoins de tutelle et d'autarchie, qui doivent se réconcilier en une unité qui nous échappe ?

*
* *

Que Jésus-Christ soit une émanation, une manifestation toute spéciale de Dieu ou un produit de l'humanité, les deux hypothèses sont également fortifiantes.

Je vais de l'une à l'autre tour à tour, également séduit par chacune d'elles.

Au premier abord, elles me semblent contradictoires, mais je sens que, dans une intelligence supérieure à la mienne, elles doivent se concilier aisément.

*
* *

Dans une religion révélée, le caractère du révélateur est tout.

*
* *

Le monde moderne, qu'il le veuille ou non, vit de Jésus.

Le christianisme est impérissable.

Il évolue comme toute chose et marche lentement vers le but assigné par Jésus, près du puits de Sichem ; alors l'humanité, sans culte et sans dogmes, adorera Dieu « en esprit et en vérité »... au pied de la croix.

*
* *

Plus j'y réfléchis et plus je me demande lequel est le plus adorable de Jésus manifestation divine, ou de Jésus émanation de l'humanité ?

*
* *

Dieu ou homme, peu m'importe, il ne m'en coûte pas de fléchir le genou devant celui qui mourut en croix pour le salut de l'humanité.

*
* *

Jésus simplement homme parle infiniment plus à mon cœur que Jésus-Dieu.

Il n'est pas moins mystérieux, au contraire.

*
* *

Ce qui fit la force de Jésus, c'est la parfaite unité de sa doctrine et de sa vie.

Avant lui, les belles maximes sur le dédain des joies mondaines et la beauté du sacrifice au pied d'un idéal n'ont pas manqué. Il serait injuste de méconnaître la grandeur morale du stoïcisme. Mais si des philosophes ont porté très haut l'idéal de la vertu, si (ce qui vaut infiniment mieux) ils en ont donné l'exemple, aucun d'eux n'a été possédé de la passion de l'humanité avec cette intensité si particulière à Jésus.

Jésus fut l'amour vivant de l'humanité.

Sa fin est la plus émouvante tragédie.

La fortune du christianisme a sa source dans ce contraste saisissant entre l'immense amour de l'humanité, l'extraordinaire pureté de Jésus et sa fin tragique.

Jamais homme n'a aussi passionnément aimé l'humanité que Jésus; jamais homme n'a éprouvé une aussi profonde pitié pour la nature entière que Sidarta Gautama ; jamais hommes, autant que l'un et l'autre, n'ont montré pareil détachement du moi.

Voilà pourquoi l'humanité reconnaissante leur dresse des autels.

* * *

Jésus est la fleur de l'humanité.

La religion du Christ, c'est la religion de l'humanité.

*
* *

L'enseignement de Jésus ne peut se séparer de sa personne. Dans toute grande religion, il en est ainsi; c'est une des raisons pour lesquelles les savants ont généralement des idées si fausses en matière religieuse. Quels que soient Descartes et Newton, cela ne change rien à leurs théories. N'est-ce point pour avoir été prôné par les Hébertistes que le très noble culte de la Raison inspire un si profond dégoût? Supposez le culte de la Raison professé par de grands humanitaires comme saint Vincent de Paul ou de grands sages comme Confucius, très certainement il eût réuni une Église d'élite. Ne déclarez pas cela impossible. Le Bouddha a institué une religion sans Dieu et le rationalisme de Confucius a plus d'un rapport avec le culte de la Raison.

Dans l'histoire religieuse, il est irrationnel de chercher la rigueur scientifique à cause du rôle prédominant de la personnalité du fondateur.

*
* *

Nous (Kant par exemple) disons sans broncher: « aux yeux de la raison... » La raison a-t-elle donc des yeux...?

Nous sommes condamnés à l'anthropomorphisme, il faut accepter une situation dont nous ne pouvons sortir.

*
* *

Le christianisme, création d'une société travaillée par le besoin de se réformer de fond en comble sous peine de mort, n'en devait pas moins compter avec le passé, car le présent et l'avenir ont leurs racines dans le passé. Il fut donc le produit de trois facteurs : 1° l'action personnelle de Jésus (si bien définie dans la parabole du levain qui fait lever la pâte); 2° les éléments juifs ; 3° les éléments païens. Les éléments païens se divisaient eux-mêmes en paganisme proprement dit et en philosophie grecque.

La nouvelle religion s'assimila le plus possible la philosophie grecque ; mais il lui fallait bien rester plus ou moins juive, pour ne pas éloigner les juifs ; elle devait se faire plus ou moins païenne, pour attirer les païens.

Dans la société païenne, tout n'était pas impur : on ne peut dédaigner le platonisme, on est bien obligé d'admirer le stoïcisme. Mais la superstition païenne entendait bien se faire sa part — elle se l'est faite largement.

*
* *

Le christianisme, né et grandi dans un milieu

païen, n'a pas pu ne pas s'assimiler une atmosphère païenne.

De là une création hybride.

D'une part, la personnalité de Jésus servait de thème au plus beau mouvement moral dont puisse s'honorer notre espèce ; d'autre part, l'ignorance du temps et les instincts inférieurs des masses transformaient Jésus en idole et, sous prétexte de l'embellir, le paraient à leur façon.

Des audacieux ont porté la main sur les oripeaux dont on avait affublé l'idole ; alors apparut une figure d'une incomparable beauté.

*
* *

L'émancipation de l'âme humaine, c'est-à-dire l'union individuelle et directe avec Dieu, est une des idées prédominantes de l'Évangile.

*
* *

Croire en Jésus-Christ, c'est croire que Jésus s'est élevé intellectuellement à l'idéal moral et qu'il y a conformé sa vie.

*
* *

Moïse et Mahomet ont rédigé des codes à la fois civils et religieux.

Jésus n'a point dicté de lois, n'a pas rédigé de code, précisément parce que sa doctrine a pour but de satisfaire aux éternelles insuffisances des codes et des lois.

*
* *

La Bonne Nouvelle apportée par Jésus, exclusivement religieuse et morale, n'a rien de dogmatique ni de métaphysique.

*
* *

Les religions primitives ont, non leur seule assurément, mais leur principale source dans l'impression produite par le milieu ambiant sur les sociétés naissantes, elles en sont le produit naturel.

Plus tard, elles sont l'œuvre d'individualités puissantes, ce sont des œuvres aussi personnelles qu'un poème, un tableau, une statue.

Sans doute Phidias, s'il était né chez les Pictes, n'aurait pas conçu sa Minerve; mais certainement, sans Phidias, l'Acropole n'eût jamais possédé *la même* admirable Minerve.

Les grands révélateurs viennent sans doute à l'heure et dans le milieu favorables, mais, sans eux, point de révélation. C'est l'éternelle question du germe et du milieu. Sans un milieu approprié, aucun germe ne pousse; mais, dans un milieu donné, rien de nouveau ne poussera sans un germe nouveau.

*
* *

Jésus proclama le premier le gouvernement laïque, par sa fameuse parole du denier de César.

Plus un gouvernement est laïque, plus il est chrétien, — mais il cesse d'être laïque, s'il cesse d'être impartial et tolérant.

*
* *

De la croix émane un rayon de cet amour de l'humanité qui, par son extraordinaire intensité en Jésus, lui communiqua son incomparable puissance.

Celui qui n'est point animé par ce pur rayon ne se réchauffera jamais à des dogmes vieillis.

*
* *

Quelles que soient nos opinions personnelles, nous n'en sommes pas moins chrétiens. Nous et notre race, nous avons été marqués à tout jamais de ce sceau indélébile.

Il est un fait et rien n'est brutal comme un fait : la société chrétienne seule progresse, donc le christianisme contient un principe de vie.

*
* *

Toutes les religions, à l'origine, ont été des tentatives d'explication du monde extérieur — elles ont été certainement cela, si elles ont été autre chose ; — plus tard, beaucoup plus tard, elles ont doté les dieux de fonctions morales.

Dans ses hypothèses sur le monde de la matière, le christianisme n'a guère été plus heureux que les religions précédentes. Sous ce rapport, la science lui succède légitimement. Elle confine la religion dans le monde moral et l'invite à n'en plus sortir.

Devons-nous rejeter le christianisme à cause de ses fantaisistes explications de la nature, de l'univers céleste notamment ?

Non, certes.

Il est l'origine de la religion de la fraternité universelle. Cette religion, qui tend de plus en plus à devenir la religion du globe, d'un pôle à l'autre, est bien l'œuvre de Jésus.

*
* *

Pourquoi Jésus-Homme n'aurait-il point ses autels?

Hercule a bien eu les siens.

Ne voit-on pas, dans l'Extrême-Orient, les foules recueillies offrir l'encens au Bouddha. Et le Bouddha n'était-il pas un homme ? L'Extrême-Orient trouve tout naturel le culte de l'homme dont le cœur immense enveloppa la nature entière dans son immense pitié.

*
* *

Le mythe est un symbole auquel on attribue une existence réelle.

Le symbole est souvent un mythe dont on n'accepte plus la réalité. Quand le progrès a fait connaître l'irréalité d'un mythe correspondant à un besoin social, souvent on conserve le mythe comme symbole.

*
* *

Quel est, au premier coup d'œil, le cachet bien spécial de la société chrétienne? Quel sentiment nous place au-dessus des sociétés païennes ou des sociétés parvenues au monothéisme musulman?

C'est le respect de la femme.

Dans les sociétés orientales, la femme est un instrument de plaisir; dans les républiques de l'antiquité, elle était une machine à fabriquer des citoyens — témoin cet illustre Romain qui regrettait si fort de ne pouvoir s'en passer pour faire des hommes. Aussi, dans les sociétés de l'antiquité, comme aujourd'hui en Orient d'ailleurs, on s'en passait volontiers.

Ce sentiment délicat d'un si bel épanouissement au moyen âge, le culte de la femme, père de la chevalerie, a bien ses racines dans le culte de la Vierge.

Ici nous saisissons aisément le rôle du mythe. Le mythe est la forme concrète de l'idée. Pour qu'une idée agisse profondément sur les masses, elle doit revêtir une forme concrète. Il nous faut des symboles. Sans une forme concrète, l'influence de l'idée est nulle.

Pour s'emparer de l'imagination et du cœur, facultés généralement plus fortes que la raison, il faut à l'idée le concours de l'art et de la poésie. L'idée prend ainsi le chemin du cœur par les sens et captive l'imagination sous une forme brillante.

La raison est sans doute notre faculté la plus haute; elle est la plus dépouillée de toute attache animale; elle est la plus franchement humaine (aussi j'applaudis la Révolution de lui avoir dressé des autels). Mais ne nous mutilerait-on pas odieusement en nous restreignant à l'exercice de cette faculté?

Nos grands actes émanent du cœur.

D'ailleurs, quand le mythe a rempli son office, rien ne nous empêche de le congédier avec tous les égards et tout le respect dus à ses services.

La femme faisant la moitié de l'espèce humaine, il est bien juste qu'elle ait son représentant dans le ciel.

⁂

Nos goûts et nos facultés esthétiques s'emparent de l'idée revêtue de la forme mythique. La poésie et l'art la précisent et la popularisent. Par la poésie et l'art, l'idée incluse pénètre peu à peu les masses et finit par les régenter.

Le mythe de la Vierge a rempli ce rôle bienfaisant dans l'évolution de l'humanité.

La croyance à l'immatérielle conception du Christ apportait à la société antique un idéal de pureté ; aussi la société, éprise de régénération, s'en empara avidement.

*
* *

De même que l'homme avait son idéal dans le Christ, la femme eut le sien dans le beau mythe de la Vierge, harmonieuse union, en un même être, de la pureté de la jeune fille, de la dignité de l'épouse, du dévouement de la mère.

Élevée à la hauteur de l'homme, elle devenait son égale dans l'association commune.

Avant le christianisme, la femme existait pour l'homme, maintenant elle existe pour elle-même.

*
* *

M. Zola considère Lourdes comme l'origine d'une religion *nouvelle*... Ce n'est pas impossible. Une religion nouvelle correspond à un besoin nouveau.

Peut-être y a-t-il plus qu'une coïncidence entre ce mouvement commencé par la proclamation du dogme de l'Immaculée conception, continué par la religion de Lourdes, et le mouvement féministe ?

La religion de Lourdes met en fait, sinon en principe, la Vierge et le Christ au même plan, parce que la femme, avec justice, demande à jouir des droits de l'homme et entend, avec raison, lutter avec lui, à armes égales, sur le terrain de la concurrence pour la vie.

*
* *

Très vraisemblablement, la Vierge fut une femme comme une autre et, selon toute probabilité, son plus grand mérite est d'avoir engendré Jésus, ce qui est bien quelque chose. Mais l'imagination populaire ne pouvait se contenter d'une mère ordinaire pour un tel fils, elle créa donc le type de Marie.

Par sa dignité, le mariage chrétien assure la suprématie à la société chrétienne. Il a établi la transition entre l'esclavage de la femme des sociétés antiques et le libre contrat entre personnes égales, essence de l'autarchie.

Le mythe de la Vierge sortit comme un lis du fumier romain.

Si malheureusement ce mythe avait succombé sous les coups de la critique au commencement du moyen âge, peut-être l'Europe n'eût-elle point évité l'abrutissement de l'islam.

*
* *

Dans le culte de l'humanité, dont il s'intitulait le fondateur, Auguste Comte la représentait par une jeune femme portant un enfant sur les bras, ravissant symbole, manifestement emprunté au catholicisme.

La jeune mère d'Auguste Comte figure très gracieusement l'humanité sans doute ; mais si juste et si gracieuse que soit la représentation, elle ne parle pas au cœur. Pourquoi ? C'est une abstraction. Cette femme n'a point vécu, elle ne représente personne. La mère, que l'on appelle la Vierge, a vécu ; elle a vu son fils attaché à la croix, elle a aimé, elle a souffert comme nous, voilà pourquoi elle nous touche. Elle est bien la vivante incarnation de la maternité souffrante.

Elle aussi représente bien l'humanité souffrante, mère de l'idéal.

Mais, ici, la légende a créé un mythe avec une réalité, et c'est parce qu'une réalité vivante et humaine a palpité sous le mythe qu'il nous parle et nous émeut encore.

*
* *

Nous admirons les grands émancipateurs du XVIIIe siècle, mais nous nous refusons de voir avec eux, dans l'humanité passée, la dupe de superstitions dépourvues de sens ou la victime de grossières tromperies.

C'est faire à l'humanité une injure gratuite.

Le penseur moderne se refuse à voir l'origine de notre civilisation occidentale dans un tissu d'erreurs et de mensonges.

***

L'homme suit naturellement ses tendances bestiales. De par la nature, il n'a pas d'autre guide.

La vie morale se résume dans la lutte de ces deux forces : nos instincts figurés par le péché originel, d'une part ; d'autre part, l'influence humaine, symbolisée par la grâce.

Le sacrifice de Jésus, c'est le rachat, la délivrance de notre bestialité par le sacrifice de soi pour l'amour de l'humanité.

***

L'adhésion à un idéal est l'essence de toute religion élevée.

***

Le Jésus magicien qui marche sur les eaux ne m'attire point. Mais saisi par un sentiment puissant, quoique vague, je m'agenouille de tout mon cœur devant celui qui inspira cette étonnante légende chrétienne — étonnante, non par ses récits merveilleux, mais par l'extraordinaire parfum de pureté et de bonté qui s'en dégage, — ravissante idylle terminée par la plus sombre tragédie.

*
* *

Il ne nous reste de la vie de Jésus que des légendes. Aucun document ne nous permet d'écrire sa vie avec quelque exactitude ; quiconque le tentera écrira un simple roman. Ce roman peut d'ailleurs être fort beau et très utile. Tout effort fait avec sincérité en ce sens produira de bons fruits.

Une volonté supérieure, semble-t-il, a voulu cacher le Jésus vrai sous des voiles à demi transparents, afin d'offrir à nos regards une forme lumineuse imprécise, assez lumineuse pour nous éclairer, assez imprécise pour prendre à nos yeux toutes les formes dont notre cœur a besoin.

*
* *

Nous avons un impérieux besoin de symboles; nous pouvons en changer, nous ne pourrons jamais nous en passer, tant que nous aurons un corps.

Les symboles ont pour but d'éveiller l'émotion,

d'entretenir le sentiment. A cet égard, les symboles religieux ont rendu et rendront encore d'éclatants services.

Au titre de symbole de l'humanité, la croix est éternelle.

*
* *

Le culte de Jésus est impérissable, parce que sa figure, d'une incomparable beauté, flotte dans un milieu assez vague pour s'adapter à toutes les interprétations réclamées par le développement humain.

*
* *

Le Jésus réel ne saurait être ni défini ni connu. Le Jésus des évangiles est un inépuisable sujet d'émotion et de méditation. Plus on lit ces légendes vénérables, plus on s'éprend de la grande figure imparfaitement dévoilée par ces récits.

*
* *

La conscience de Jésus a bien été le ferment le plus actif du développement moral de l'humanité.

La conscience du monde moderne est la conscience de Jésus.

*
* *

Certainement Jésus s'est cru le Messie, c'est-à-dire le fondateur du royaume de Dieu sur la terre.

A-t-il oui ou non fondé ce royaume?

Oui, sans doute, il a bien fondé ce royaume dont toutes les âmes élevées poursuivent la réalisation, quelles que soient leurs croyances.

***

Jésus a révélé l'humanité à elle-même.

***

L'existence de Jésus est indubitable. Ce qui est indubitable encore, c'est sa pureté parfaite, sa bonté sans bornes, son amour immense de l'humanité — amour de l'humanité fondu dans un sentiment religieux porté à des hauteurs inconnues avant lui, et toujours inaccessibles pour la masse des hommes. Chez lui l'amour de l'humanité et l'amour de Dieu se confondent au point qu'il est permis de dire : ce qu'il aima dans le Dieu-Père, c'est la source de l'universelle fraternité.

Est-ce la croyance au Père céleste qui le conduisit à considérer les hommes comme des frères? Est-ce au contraire dans la foi de l'universelle fraternité qu'il puisa la croyance au Père céleste? Vraisemblablement ces deux idées germèrent simultanément dans son âme, et vraisemblablement encore, il ne les sépara jamais.

Quoi qu'il en soit, l'existence d'une telle grandeur

morale est pour nous une immense consolation, en nous prouvant la possibilité de nous élever aux plus sublimes sacrifices en nous imprégnant de l'amour de l'humanité par la contemplation de la croix.

Il est possible à la nature humaine de se dépouiller de sa bestialité, Jésus nous a ouvert la voie.

*
* *

Malgré nous, en dépit de tous nos efforts, nous voyons le Jésus de l'Évangile à travers l'idéal que s'en est formé l'humanité.

Cela n'a d'ailleurs aucun inconvénient — au contraire.

*
* *

On a écrit une foule de *Vie de Jésus*, personne n'a songé à écrire une *Vie du Christ*.

Pourquoi ?

Parce que Jésus a vécu dans un monde réel et que le Christ, création de notre pensée, n'a jamais vécu que dans notre pensée.

*
* *

Le mot *Jésus* désigne une personne humaine, un homme qui a vécu de notre vie terrestre ; le mot *Christ* désigne l'homme divinisé après sa mort.

*
* *

En réalité, malgré nous, nous confondons trois Christ distincts quoique superposés et qu'il nous est fort difficile de séparer, même par la plus scrupuleuse analyse :

Le Jésus réel ou Christ historique,

Le Christ idéal,

Le Christ symbole.

Ces trois Christ, pour la plupart d'entre nous, constituent un être unique. De là en grande partie notre embarras à nous prononcer sur la nature de Jésus. A vrai dire, il nous est impossible de retrouver l'être réel sous les voiles dont l'ont enveloppé les générations successives.

Cette superposition d'un personnage légendaire et symbolique sur le personnage réel s'opère d'ailleurs pour toutes les grandes figures de l'histoire. Le fait ne se passe-t-il point sous nos yeux pour Napoléon ? Ne dit-on point avec raison *la légende impériale ?* Pour combien de gens n'est-il point devenu un symbole ? Pour celui-ci, le symbole de la gloire militaire ; pour cet autre, le symbole du despotisme brutal dont il est assoiffé.

Si cela est vrai de Napoléon, personnage si récent et de si mince importance relative, combien cela ne doit-il pas être plus vrai pour la colossale figure de Jésus ? Car l'Europe et la France se seraient fort bien passées de Napoléon, tandis que le monde semble impossible sans Jésus.

*
* *

Le vrai Jésus, le Jésus historique, impossible à reconstituer aujourd'hui, est bien le fondement de ce Christ idéal, créé par l'humanité.

Le Christ idéal nous met non seulement sous les yeux un type humain d'une grandeur incomparable, mais la création de ce mythe et son adoration nous montrent que l'humanité peut s'élever au plus ardent amour de la justice et de la fraternité.

Le Christ est un gage certain de la grandeur de nos destinées.

*
* *

Le Christ est le *Fils de l'homme*, comme s'appelait volontiers Jésus, c'est-à-dire le fils de l'humanité terrestre et de l'Esprit qui dirige la marche des diverses humanités dans les divers mondes de l'univers.

*
* *

Pour augmenter cette confusion des trois êtres distincts et cependant réunis dans toute grande figure historique, la personne réelle, la personne idéalisée, la personne élevée à la dignité de symbole, on se trouve ici en présence d'une difficulté de plus, le manque de documents.

1° Les seuls documents d'après lesquels nous pouvons établir la vie de Jésus sont les légendes consignées dans les évangiles. Ces légendes, absolument insuffisantes pour écrire une histoire authentique, nous renseignent de la façon la plus positive sur le caractère du héros et nous rapportent, sans le moindre doute, très fidèlement un grand nombre de ses paroles.

Si le Jésus réel, celui qui a vécu sur les bords du lac de Tibériade, est impossible à reconstituer, la critique raisonnée des documents évangéliques nous révèle, à n'en pas douter, une personne d'une incomparable supériorité morale, dont la vie merveilleusement simple et la fin tragique ont fourni les éléments de rénovation de l'humanité.

Il est permis de douter que Jésus ait prononcé le Sermon sur la Montagne (ce n'est pas improbable cependant), c'est-à-dire qu'il n'a peut-être pas prononcé exactement et tout d'une haleine, le même jour et sur la même montagne, ce même sermon que nous rapporte Matthieu. Mais toutes les sentences, figures et paraboles contenues dans cette leçon sans pareille sont bien la reproduction fidèle et presque toujours textuelle de paroles prononcées par Jésus, et cela, pour cette excellente raison : nul autre que lui n'a pu les dire.

2° Le vrai Jésus, impossible à reconstituer aujourd'hui, a servi de thème à la tradition la plus active, la plus passionnée, la plus enthousiaste, la plus créatrice, la plus féconde qui fut jamais.

De ce mouvement extraordinaire d'âmes prodigieusement exaltées naquit un Christ idéal. De l'immense travail ainsi développé, nous pouvons conclure avec certitude à la puissance de la force initiale qui mit en mouvement cette masse d'intelligences. Le Christ idéal et métaphysique, nous le trouvons déjà dans les épîtres les plus authentiques de saint Paul. Comme le grand apôtre n'avait point connu personnellement Jésus, il ne fut point gêné dans cette idéalisation du divin Maître.

3° Du Christ idéal sortit tout naturellement le Christ symbolique. Le vrai Jésus, transformé par le travail des imaginations et des cœurs en Christ idéal, devint un symbole : Jésus est le symbole de l'humanité, il en concrète la pensée supérieure.

Le Christ est la plus sublime pensée de l'humanité.

Voilà pourquoi nous ne pouvons comprendre l'humanité sans lui.

*
* *

Le cannibale est *un homme* (c'est-à-dire la bête humaine). De César, nous pouvons dire, c'est un *grand homme* ; de saint Vincent de Paul, c'est un *homme de grand cœur*.

De Jésus seul nous pouvons dire : c'est *l'homme*.

*
* *

Oui, Jésus est bien l'Homme-Dieu.

Qu'est-ce que l'Homme-Dieu?

C'est l'homme qui a pu anéantir en lui la bête égoïste, lascive et brutale — qui, dans la pureté absolue, vit pour tous jusqu'au sacrifice entier de son moi.

C'est pour cela que, devant Jésus flagellé et couronné d'épines, l'humanité s'écrie à la fois : *Ecce homo! Ecce Deus!*

***

Si le Christ est un mythe et un symbole, Jésus est bien une réalité.

Jésus est bien un homme; mais d'où est venu l'esprit qui anima cet homme?... *Mystère.*

Nous savons seulement ceci : dans cet être, appartenant à notre espèce, l'amour de l'humanité s'incarna avec une puissance surhumaine.

Il fut bien l'amour vivant de l'humanité.

Et l'humanité, par un juste retour, lui rend l'amour qu'il eut pour elle.

***

Le Christ est le symbole de l'humanité.

Quand il accomplit ses miracles, il est l'image de l'humanité asservissant la nature.

Quand il monte au Calvaire, c'est la douloureuse ascension de l'humanité vers l'idéal.

Le Christ ressuscité, c'est l'image de l'humanité

émergeant, toujours jeune et belle, du tombeau des générations décédées.

Jésus monté au ciel, c'est la vision de l'humanité parvenant au règne de la justice, après un long martyre.

L'ascension de Jésus-Christ, c'est l'apothéose de l'humanité.

*
* *

En s'agenouillant devant Jésus-Christ, l'humanité se prosterne devant son propre idéal; l'humanité s'est objectivée dans le Christ.

Nous lui devons un culte éternel, parce que, devant le Christ symbole, nous nous sentons les membres solidaires de ce tout : l'humanité passée, présente et future.

Ce symbole nous encourage à porter le fardeau de notre labeur quotidien, en nous montrant, dans ce travail de chaque jour, la condition même de l'existence de cette humanité future qui sera le fruit de nos entrailles et de notre intelligence, de cette humanité faite de ce qu'il y a de meilleur en nous.

Car, de même que le Christ achète la résurrection et l'ascension par la passion, l'humanité achète son développement par le travail et par les douleurs de l'expérience.

*
* *

Le Christ soulevant la pierre du sépulcre et sortant radieux du tombeau à l'aube blanchissante, n'est-ce point l'humanité sortant des ténèbres de l'erreur et de la bestialité, et tournant sa face vers l'aurore de la vérité et le soleil levant de la liberté de l'âme ?

*
* *

L'humanité a lentement élaboré l'idéal du Christ, comme, par action réflexe, le Christ a refondu l'humanité dans le moule d'un idéal nouveau.

*
* *

Où est le sanctuaire de Dieu, âme infinie de l'univers infini ?

Jésus le place dans le cœur du juste illuminé par l'amour de l'humanité.

Pour nous, hommes, il ne peut être ailleurs.

*
* *

Nous ne pouvons méconnaître la puissance de ce mot : *Christ*, parce que le mythe qu'il couvre a jailli des profondeurs du cœur de l'homme qui l'élaborait depuis ses origines. Il est l'épanouissement de ce long travail de l'humanité d'où sont sortis, à titre d'essai informe, les Adonis, Osiris, Mithra, Minerve..., ou bien des héros déifiés, comme Hercule.

*

Hercule, fils de Jupiter, délivrant la terre des monstres qui l'infestaient, n'est-il pas une grossière, mais très nette tentative de l'antiquité faisant effort pour s'élever à la conception de l'Homme-Dieu ?

Dans le domaine de l'art, avant d'enfanter le Jupiter Olympien ou la Minerve de l'Acropole, l'humanité a taillé les idoles de la Polynésie ou du Dahomey. Il en a été de l'ordre religieux comme de l'ordre esthétique, le second étant d'ailleurs invariablement lié au premier.

*
* *

Par sa double nature, le Christ unissait le ciel à la terre. Aussi le concile de Chalcédoine proclama-t-il son humanité, comme le concile de Nicée avait proclamé sa divinité.

On comprend donc avec quelle faveur fut accueillie la doctrine qui, formulant en fait l'identité de la nature divine et de la nature humaine, inaugurait le culte de l'humanité.

La nature *bestiale* est le fondement sur lequel repose en nous la nature *humaine.*

Ce qu'il y a d'humain en nous est précisément ce qu'il y a de divin.

Pour nous, habitants de la terre, le culte de l'humanité est précisément le culte de la divinité.

Le divin, depuis Jésus, c'est l'humain.

*
* *

L'homme n'a plus le droit de s'égarer moralement ; la croix lumineuse le guide.

Si les individus, pour la plupart, s'éloignent singulièrement de l'idéal chrétien, l'humanité, prise en masse, s'en rapproche indéfiniment.

Jésus a libéré l'homme.

Devant la croix, l'homme se sent libre, libre de la liberté suprême, la libération de la bestialité. Il voit resplendir dans le crucifix tout ce qu'il y a de divin dans l'homme : pureté, amour de l'humanité, immolation du moi pour le bien de tous.

Jésus nous montre le divin dans l'humain ; il est bien l'Homme-Dieu.

*
* *

Jésus-Christ est-il simplement le plus noble fruit de l'humanité ? Est-il une émanation, une forme, une hypostase de Dieu ?

Ces deux conceptions sont-elles inconciliables ?

Laquelle est la plus consolante et la plus féconde ?

Je ne sais.

Aussi je me complais, à ce sujet, dans l'incertitude, trouvant les deux conceptions également consolantes, également fécondes.

*
* *

Il me semble entendre Jésus murmurer à mon oreille : Aimez l'humanité, aimez en moi le symbole de l'humanité et croyez tout ce qu'il vous plaira.

26 février 1897.

TABLE DES MATIÈRES

Nancy. — Imp. Berger-Levrault et Cie.

LIBRAIRIE MILITAIRE BERGER-LEVRAULT ET Cie
PARIS, 5, rue des Beaux-Arts. — Même Maison à Nancy.

LA MARINE DE GUERRE

SIX MOIS RUE ROYALE

PAR ÉDOUARD LOCKROY

DÉPUTÉ, ANCIEN MINISTRE DE LA MARINE

Un volume in-8 de 400 pages. 2e édition. 1897. Prix, broché . 5 fr.

LES FLOTTES DE COMBAT

ÉTRANGÈRES EN 1897

Par le lieutenant de vaisseau de BALINCOURT

Un vol in-8 de 347 pages, avec de nombreux croquis, broché . 6 fr.

LES NAVIRES DE GUERRE

ESSAI SUR LEUR VALEUR MILITAIRE

PAR RENÉ BERARD

LIEUTENANT DE VAISSEAU

Un volume in-12, broché. Prix . . . . 2 fr.

LA NAVIGATION ASTRONOMIQUE

ET LA NAVIGATION ESTIMÉE

Par Georges LECOINTE

OFFICIER BELGE

Provisoirement détaché dans la marine de guerre française

Un volume in-4 de 400 pages, avec 190 figures, broché. . . . 15 fr.

Les Problèmes de navigation et la carte marine. Types de calculs et tables complètes, par le capitaine de frégate E. Guyou, membre de l'Académie des sciences et du Bureau des longitudes. Un volume grand in-8, avec 2 planches. 1897. broché . . . . . 3 fr. 50 c.

LIBRAIRIE MILITAIRE BERGER-LEVRAULT ET Cie
Paris, 5, rue des Beaux-Arts. — Nancy, 18, rue des Glacis.

OUVRAGES DE M. LE CONTRE-AMIRAL RÉVEILLÈRE

CROIX ET CROISSANT
(AUTARCHIE)

Élégant volume in-12, broché . . . . 2 fr.

L'EUROPE-UNIE

Élégant volume in-12, broché . . . . 2 fr.

TUTELLE ET AUTARCHIE

Élégant volume in-12, broché . . . . 2 fr.

UN COUP DE SONDE DANS L'OCÉAN DES MYSTÈRES
(AUTARCHIE)

Élégant volume in-12, broché . . . . 2 fr.

LA CONQUÊTE DE L'OCÉAN

Un volume in-12 de 335 pages, broché . . . . 3 fr. 50 c.

Nancy, imp. Berger-Levrault et Cie.

www.ingramcontent.com/pod-product-compliance
Ingram Content Group UK Ltd.
Pitfield, Milton Keynes, MK11 3LW, UK
UKHW020323250726
13967UKWH00004B/1821